——乡村振兴特色优势产业培育工程丛书

中国葡萄酒产业发展蓝皮书

（2022）

中国乡村发展志愿服务促进会 组织编写

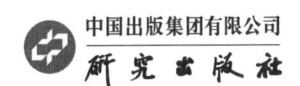

中国出版集团有限公司
研究出版社

图书在版编目(CIP)数据

中国葡萄酒产业发展蓝皮书（2022）/ 中国乡村发展志愿服务促进会组织编写. -- 北京：研究出版社，2023.6
ISBN 978-7-5199-1499-8

Ⅰ.①中… Ⅱ.①中… Ⅲ.①葡萄酒 - 酿酒工业 - 产业发展 - 研究报告 - 中国 Ⅳ.①F426.82

中国国家版本馆CIP数据核字(2023)第093817号

出 品 人：赵卜慧
出版统筹：丁　波
责任编辑：寇颖丹
助理编辑：于孟溪

中国葡萄酒产业发展蓝皮书（2022）

ZHONGGUO PUTAOJIU CHANYE FAZHAN LANPI SHU (2022)

中国乡村发展志愿服务促进会　组织编写

研究出版社 出版发行

（100006　北京市东城区灯市口大街100号华腾商务楼）
北京中科印刷有限公司印刷　　新华书店经销
2023年6月第1版　2023年6月第1次印刷
开本：710毫米×1000毫米　1/16　印张：12.25
字数：171千字
ISBN 978-7-5199-1499-8　定价：65.00元
电话（010）64217619　64217652（发行部）

版权所有·侵权必究
凡购买本社图书，如有印制质量问题，我社负责调换。

乡村振兴特色优势产业培育工程丛书编委会

顾　　问：陈锡文　匡廷云　印遇龙　闵庆文
主　　任：刘永富
副 主 任：王家华　李振生　王明山　李守山　张梦欣
　　　　　赵国君
成　　员：（按姓氏笔画排序）
　　　　　王　强　王凤忠　王芬芬　毛永民　邓　煜
　　　　　冯纪福　刘玉红　李　亚　李　华　李绍增
　　　　　李润露　沈世华　张　强　张学斌　张跃进
　　　　　陈永浩　欧宏新　罗晓林　周新平　赵国柱
　　　　　俞　宁　魏　霞

本书编写人员

主　　编：李　华

副 主 编：杨和财　刘　旭

编写人员：（按姓氏笔画排序）

　　　　　王　华　刘　旭　刘树文　李甲贵　杨和财

　　　　　宋育阳　张建生　房玉林　陶永胜

本书评审专家

（按姓氏笔画排序）

火兴三　闵庆文　赵世华　袁春龙

编写说明

习近平总书记十分关心乡村特色优势产业的发展，作出一系列重要指示。2022年7月，习近平总书记在新疆考察时指出："要加快经济高质量发展，培育壮大特色优势产业，增强吸纳就业能力。"2022年10月，习近平总书记在陕西考察时强调："产业振兴是乡村振兴的重中之重，要坚持精准发力，立足特色资源，关注市场需求，发展优势产业，促进一二三产业融合发展，更多更好惠及农村农民。"2023年4月，习近平总书记在广东考察时要求："发展特色产业是实现乡村振兴的一条重要途径，要着力做好'土特产'文章，以产业振兴促进乡村全面振兴。"党的二十大报告指出："发展乡村特色产业，拓宽农民增收致富渠道。巩固拓展脱贫攻坚成果，增强脱贫地区和脱贫群众内生发展动力。"

为认真贯彻落实习近平总书记的重要指示和党的二十大精神，中国乡村发展志愿服务促进会认真总结脱贫攻坚期间产业扶贫经验，启动实施"乡村特色优势产业培育工程"，选择油茶、油橄榄、核桃、杂交构树、酿酒葡萄，青藏高原青稞、牦牛，新疆南疆核桃、红枣9个特色优势产业进行重点培育。这9个产业，经过多年的发展，都具备了加快发展的基础和条件。不失时机地采取措施，促进高质量发展，不仅是必要的，而且是可行的。发展木本油料，向山地要油料，加快补齐粮棉油中"油"的短板，是国之大者。发展杂交构树，向构树要蛋白，加快补齐肉蛋奶中"奶"的短板，是国之大者。发展青藏高原青稞、牦牛和新疆南疆核桃、红枣，加快发展西北地区葡萄酒产业，是脱贫地区巩固拓展脱贫攻坚成果和实现乡村产业振兴的需要，也是增加农民特别是脱贫群众收入的重要措施。中国乡村发展志愿服务促进会将动员和聚合社会力量，通过培育重点企业、强化科技支撑、扩大市场销售、对接金融资源、发布蓝皮书等工作，服务和促进9个特色优势产业加快发展。

发布蓝皮书是培育工程的一项重要内容，也是一项新的工作，旨在普及产业知识，反映产业状况，推广良种良法，介绍全产业链开发的经验做法，营造产业发展的社会氛围，促进实现高质量发展。我们衷心希望，本丛书的出版发行，能够在这些方面尽绵薄之力。丛书编写过程中，得到了各方面的大力支持。我们诚挚感谢所有参加蓝皮书编写的人员，感谢在百忙之中参加评审的专家，感谢为丛书出版提供支持的出版社和各位编辑。由于是第一次组织特色优势产业蓝皮书的编写，缺乏相关经验和参考，加之水平有限，疏漏谬误在所难免，欢迎广大读者批评指正。

丛书编委会
2023年6月

代 序

乡村振兴特色优势产业培育工程实施方案

中国乡村发展志愿服务促进会

2022年7月11日

民族要复兴,乡村必振兴。脱贫攻坚任务胜利完成以后,"三农"工作重心历史性转到全面推进乡村振兴。为贯彻落实习近平总书记关于粮食安全的重要指示精神,落实《国家乡村振兴局 民政部关于印发〈社会组织助力乡村振兴专项行动方案〉的通知》(国乡振发〔2022〕5号)要求,中国乡村发展志愿服务促进会(以下简称促进会)认真总结脱贫攻坚期间产业扶贫经验,选择油茶、油橄榄、核桃、酿酒葡萄、杂交构树、青藏高原青稞、牦牛、新疆南疆核桃、红枣9个特色优势产业进行重点培育,编制《乡村振兴特色优势产业培育工程实施方案》(以下简称《实施方案》)。

一、总体要求

（一）指导思想

以习近平新时代中国特色社会主义思想为指导,全面贯彻习近平总书记关于"三农"工作的重要论述,立足新发展阶段,贯彻新发展理念,构建新发展格局,落实高质量发展要求。按照乡村要振兴、产业必先行的理念,坚持"大食物观",立足不与粮争地,坚守18亿亩耕地红线,本着向山地要油料、向构树要蛋白的思路,加快补齐粮棉油中"油"的短板、肉蛋奶中"奶"的短板,持续推进乡村振兴特色优势产业培育工程。立足帮助优质农产品出村进城,不断丰富市民的"米袋子""菜篮子""果盘子""油瓶子",鼓起脱贫地区人民群众的"钱袋子"。立足推动农业高质高效、乡村宜居宜业、农民富裕富足,为全面推进乡村振兴、加快农业农村现代化提供有力支撑。

（二）基本原则

——坚持政策引导,龙头带动。以政策支持为前提,积极为产业发展和参与企业争取政策支持。尊重市场规律,发挥市场主体作用,择优扶持龙头企业做大做强,充分发挥龙头企业的示范带动作用。

——坚持突出重点,分类实施。突出深度脱贫地区,遴选基础条件好、带动能力强的企业,进行重点培育。按照"分产业、分区域、分重点"原则,积极推进全产业链发展。

——坚持科技支撑,金融助力。加强对特色优势产业发展的科研攻关、科技赋能作用,促进科研成果及时转化。对接金融政策,促进企业不断增强研发能力、生产能力、销售能力。

——坚持行业指导,社会参与。充分发挥行业协会指导、沟通、协调、监督作用,帮助企业加快发展,实施行业规范自律。充分调动社会各方广泛参与,"各炒一盘菜,共办一桌席",共同助力产业发展。

——坚持高质量发展,增收富民。坚持"绿水青山就是金山银山"理念,帮助企业转变生产方式,按照高质量发展要求,促进产业发展、企业增效、农民增收、生态增值。

（三）主要目标

对标对表国家"十四五"规划和2035年远景目标纲要,设定到2025年、2035年两个阶段目标。

——到2025年,布局特色优势产业培育工程,先行试点,以点带面,实现突破性进展,取得明显成效。完成9个特色优势产业种养适生区的划定,推广"良种良法"，建设一批生产基地。培育一批龙头企业、专业合作社和家庭农场等市场主体，建立重点帮扶企业库，发挥引领带动作用。聘请一批知名专家，建立专家库，做好科技支撑服务工作。培养一批生产、销售和管理人才，增强市场主体内生动力，促进形成联农带农富农的帮扶机制。

——到2035年，特色优势产业培育工程形成产业规模，实现高质量发展。品种和产品研发取得重大突破，拥有多个高产优质品种和市场占有率高的产品。种养规模与市场需求相适应，加工技术不断创新，产品质量明显提升，销售盈利能力不断拓展，品牌影响力明显增强。拥有一批品种和产品研发专家，一批产业发展领军人才和产业致富带头人，一批社会化服务专业人才。市场主体发展壮大，实现一批企业上市。联农带农富农帮扶机制更加稳固，为共同富裕添砖加瓦，作出积极贡献。

二、重点工作

围绕特色优势产业培育工程目标，以"培育重点企业、建立专家库、实施消费帮、搭建资金池、发布蓝皮书"为抓手，根据帮扶地区自然禀赋和产业基础条件，做好五项重点工作。

（一）培育重点企业

围绕中西部地区，特别是三区三州和乡村振兴重点帮扶县，按照全产业链发展的思路遴选一批产业基础好、发展潜力大、创新能力强的企业，建立重点帮扶企业库，作为重点进行培育。对有条件的龙头企业，按照上市公司要求和现代企业制度，从政策对接、金融支持、消费帮扶等方面进行重点培育，条件成熟的推荐上市。

（二）强化科技支撑

遴选一批品种研发、产品开发、技术推广、工艺研究等方面的专家，建立专家库，有针对性地对制约产业发展的"卡脖子"技术难题进行联合攻关。为企业量身研发、培育种子种苗，用"良种良法"助力企业扩大种养规模。加强产品研发攻关，提高产品品质和市场竞争力。充分发挥企业家在技术创新中的重要作用，鼓励企业加大研发投入，承接和转化科研单位研究成果，搞好技术设备更新改造，强化科技赋能作用。

（三）扩大市场销售

帮助企业进行帮扶产品认定认证，给帮扶地区产品提供"身份证"，引导销售。利用促进会"帮扶网""三馆一柜"等平台和载体，采取线上线下多种方式销售。通过专题研讨、案例推介等形式，开展活动营销。通过每年发布蓝皮书活动，帮助企业扩大影响，唱响品牌，进行品牌销售。

（四）对接金融资源

帮助企业对接国有金融机构、民营投资机构，引导多类资金对特色优势产业培育工程进行投资、贷款，支持发展。积极与有关产业资本合作，按照国家政策规定，推进设立特色优势产业发展基金，支持相关产业发展。利用国家有关上市绿色通道，帮扶企业上市融资。

（五）发布蓝皮书

组织专家编写分产业的特色优势产业发展蓝皮书。做好产业发展资料收集、整理、分析工作，加强国内外发展情况对比分析，在总结分析和深入研究的基础上，按照蓝皮书的基本要求组织编写，每年6月前对外发布上一年度产业发展蓝皮书。

三、保障措施

（一）组建项目组

促进会成立项目组，制定《实施方案》并组织实施。项目组动员组织专家、企业家和有关单位，分别成立9个项目工作组，制定产业发展实施方案并组织实施。做好产业发展年度总结，编写好分产业特色优势产业发展蓝皮书。

（二）争取政策支持

帮助重点龙头企业对接国家有关产业政策、产业发展项目。协调相关部门，加大帮扶工作力度，争取将脱贫地区重点龙头企业的产业发展规划纳入国家有关部门和有关地区的专项发展规划并给予支持。争取各类金融机构对重点帮扶龙头企业给予贷款、融资优惠，助力重点帮扶企业加快发展。

（三）坚持典型引领

选择一批资源禀赋好、发展潜力大、市场前景广的种养基地作为示范种养典型，选择一批加工能力精深、技术先进、效益良好的龙头企业作为产品加工示范典型，选择一批增收增效、联农带农富农机制好的市场主体作为联农带农富农典型。通过典型示范，引领特色优势产业培育工程加快发展。

（四）搞好社会动员

建立激励机制，让热心参与特色优势产业发展的单位和个人政治上有荣誉、事业上有发展、社会上受尊重、经济上有效益。加强宣传工作，充分运用电视、网络等多种媒体，加大舆论宣传推广力度，营造助力特色优势产业培育工程的良好社会氛围。招募志愿者，创造条件让志愿者积极参与特色优势产业培育工程。

（五）加强协调促进

充分利用促进会在脱贫攻坚阶段取得的产业发展经验和社会影响力，协调脱贫地区龙头企业对接产业政策，动员产业专家参与企业技术升级和产品研发，衔接金融资源帮助企业解决资金难题。发挥行业协会的积极作用，按照公开、透明、规范要求，帮助企业规范运行，自我约束，健康发展。

四、组织实施

（一）规范运行

在促进会的统一领导下，项目组和项目工作组根据职责分工，努力推进9个特色优势产业培育工程实施。项目组要根据产业特点组织制定专家库、重点帮扶企业库的建设与管理办法、产业发展培育项目管理办法，包括金融支持、消费帮扶、评估评价等办法，做好项目具体实施工作。

（二）宣传发动

以全媒体宣传为主，充分发挥新媒体优势，不断为特色优势产业培育工程实施营造良好的政策环境、舆论环境、市场环境，让企业家专心生产经营。宣传动员社会各方力量，为特色优势产业培育工程建言献策。

(三)评估评价

发动市场主体进行自我评价，通过第三方调查等办法进行社会评价。特色优势产业培育工程项目组组织有关专家、行业协会、企业代表，对9个特色优势产业发展情况、市场主体进行专项评价。在此基础上，进行评估评价，形成特色优势产业发展年度评价报告。

CONTENTS 目录

第一章
中国葡萄酒产业新征程 / 001

第一节 中国葡萄酒产业的发展历程 ································ 002
　一、葡萄酒在中国的发展 ·· 003
　二、中国：葡萄酒的古文明世界 ······································ 005

第二节 中国葡萄酒产区概况 ·· 007
　一、中国酿酒葡萄气候区划及产区分布 ····························· 007
　二、中国葡萄酒产区发展现状 ·· 020
　三、葡萄酒产业发展存在的问题 ····································· 023

第三节 中国葡萄酒法规的发展历程与现状 ························· 024
　一、中国葡萄酒标准的发展阶段 ····································· 024
　二、中国现行葡萄酒标准体系 ·· 027

第四节 高质量发展对中国葡萄酒的新要求 ························· 034
　一、绿色消费 ·· 034
　二、新体验 ··· 035
　三、大众新需求 ··· 042

I

第五节　乡村振兴对中国葡萄酒产业的新要求 ·················· 042
　　一、构建"三产"产业结构 ························· 043
　　二、"三农"问题 ·································· 044
　　三、酿酒葡萄的生态系统服务功能 ···················· 046

第二章

中国葡萄酒市场新格局 / 049

第一节　国际葡萄酒市场分析 ······························ 050
　　一、国际葡萄酒生产状况 ··························· 050
　　二、国际葡萄酒进出口状况 ························· 051
　　三、国际葡萄酒消费状况 ··························· 053

第二节　国内葡萄酒市场分析 ······························ 055
　　一、中国葡萄酒生产状况 ··························· 055
　　二、中国葡萄酒进出口状况 ························· 056
　　三、中国葡萄酒消费状况 ··························· 057

第三节　中国葡萄酒产业竞争力分析 ······················· 058
　　一、生态优势明显 ································· 058
　　二、品牌持续发力 ································· 059
　　三、市场潜力巨大 ································· 060
　　四、产业集群加速 ································· 060
　　五、政府大力支持 ································· 061
　　六、贸易快速增加 ································· 061
　　七、中国葡萄酒产业竞争力评价 ····················· 062

第四节　全面提升中国葡萄酒产业竞争力 ··················· 064
　　一、提升葡萄酒产区的竞争力 ······················· 065

二、培育完整的葡萄酒内需体系 …………………………………… 067
　　三、建立国内葡萄酒内循环模式 …………………………………… 068

第三章
中国葡萄酒产业乡村振兴新模式 / 073

第一节　葡萄酒产业与农民致富新模式及案例解析 ………… 074
　　一、直接带动工资性收入 …………………………………………… 075
　　二、建立农民致富新模式 …………………………………………… 076
　　三、激发农民艰苦创业意识 ………………………………………… 078
第二节　葡萄酒产业与生态环境新模式 ……………………… 079
　　一、葡萄酒产业与生态产业关系解析 ……………………………… 079
　　二、酿酒葡萄园碳汇功能解析 ……………………………………… 081
第三节　葡萄酒产业与农村发展新模式 ……………………… 085
　　一、推进文旅教体贸融合发展 ……………………………………… 086
　　二、强化乡村现代化和新型城镇化联动发展 ……………………… 086
第四节　中国葡萄酒产业联动发展 …………………………… 087
　　一、中国葡萄酒集群发展 …………………………………………… 087
　　二、中国葡萄酒文旅业 ……………………………………………… 089
　　三、葡萄酒全产业链 ………………………………………………… 090

第四章
中国葡萄酒行业新趋势 / 093

第一节 中国葡萄酒科技新趋势 ········· 094
- 一、葡萄酒产业布局发展趋势 ········· 094
- 二、葡萄栽培趋势 ········· 101
- 三、葡萄品种选育趋势 ········· 103
- 四、葡萄酒酿造趋势 ········· 105
- 五、葡萄酒辅料趋势 ········· 106

第二节 中国葡萄酒行业发展趋势 ········· 109
- 一、中国葡萄酒行业生产发展趋势分析 ········· 109
- 二、中国葡萄酒行业产学研融合发展趋势分析 ········· 111
- 三、中国葡萄酒行业市场发展趋势分析 ········· 118

第三节 中国葡萄酒行业供需预测 ········· 121
- 一、中国葡萄酒供给预测 ········· 122
- 二、中国葡萄酒需求预测 ········· 123

第五章
中国葡萄酒行业发展路径及投资建议 / 125

第一节 葡萄酒行业发展战略分析 ········· 126
- 一、我国葡萄酒产业发展的"十六字"方针 ········· 126
- 二、坚持市场营销创新的决胜战略 ········· 132
- 三、坚持企业管理创新的保证战略 ········· 139

第二节　葡萄酒行业项目投资建议 ··············· 145
　　一、投资环境项目建议 ····················· 145
　　二、投资项目方向建议 ····················· 147
　　三、投资葡萄酒旅游建议 ··················· 150
第三节　投资新媒体建议 ······················· 153
　　一、新媒体时代葡萄酒的机会 ··············· 153
　　二、新媒体对葡萄酒企业营销的价值 ········· 154
　　三、投资葡萄酒新媒体建议 ················· 155
　　四、葡萄酒企业新媒体运营的建议 ··········· 155
第四节　投资葡萄酒产业数字化平台项目建议 ····· 157
　　一、葡萄酒产业数字化转型的概念 ··········· 158
　　二、我国葡萄酒产业数字化转型的路径 ······· 158
第五节　行业投资风险分析 ····················· 160
　　一、政策风险 ····························· 160
　　二、自然灾害风险 ························· 161
　　三、市场风险 ····························· 161
　　四、财务风险 ····························· 161
　　五、经营管理风险 ························· 162

主要参考文献 ································· 163
后记 ··· 176

第一章 CHAPTER 1

中国葡萄酒产业新征程

在多数中国人的心目中，葡萄酒是舶来品，是西方文化的产物。但事实上，最新的考古证据表明，中国河南新石器时期贾湖遗址（距今约9000—7500年）才是世界上最早用葡萄酿酒的地方。虽然中国有着悠久的葡萄酒历史和灿烂的葡萄酒文化，但近代中国的葡萄酒产业发展却处于落后状态。新中国成立后，特别是改革开放以来，葡萄酒产业才重新崛起，并形成各具特色的11大产区，中国进入世界葡萄酒大国的行列。葡萄酒产业链长，关联性强，与"三农"问题、"乡村振兴"和生态文明建设息息相关。为了促进葡萄酒产业的可持续高质量发展，国家相关部门先后出台多项政策，规范葡萄酒行业发展，加强行业管理，防止盲目投资和低水平重复建设，引导企业合理布局，保障葡萄酒质量安全。相关标准和法规进一步完善，科学技术不断进步，教育工作取得显著成效，为产业发展提供了强有力的技术支撑和法律保障。

第一节　中国葡萄酒产业的发展历程

葡萄和葡萄酒的历史，与人类的文明史几乎是同步的。在古代，葡萄酒在人类的信仰和日常生活中占有重要的地位。葡萄和葡萄酒的历史可以追溯至遥远的年代，历史学家和考古学家在众多相互独立的人类起源地都发现了葡萄的痕迹。在大马士革附近出土的压榨机的年代为公元前6000年，中美科学家对距今约9000—7500年的河南舞阳县贾湖遗址的研究结果，更使世界葡萄酒的人工酿造历史向前推进了3000年。地质学家和植物学家的证据表明，葡萄的栽培最迟始于公元前9000年。葡萄的起源比人类的起源要早得多。在距今170万年前，地球上并没有可食性浆果，古老葡萄的进化产生了可酿造葡萄酒的葡萄，后者在漫长的进化过程中又产生了很多品种。

从新石器时期（公元前8500—公元前4000年）开始，人类就有意识地酿造葡萄酒了，早期酿造葡萄酒的证据出现在中国（公元前7000年）、格鲁吉亚

（约公元前6000年）、伊朗（约公元前5000年）、希腊（约公元前4500年）和亚美尼亚（约公元前4100年）等地的考古遗址。古埃及著名智慧家普塔霍特普（Ptahhotep）墓的浮雕中，清晰地展现了当时古埃及人种植、收获葡萄和酿造葡萄酒的场景，该墓址已有6000年的历史。据此，西方学者认为葡萄酒业始于6000年前。

2004年，中美科学家发表了对中国河南新石器时期贾湖遗址发掘出土的陶器内壁附着物的分析结果，证明当时这些陶器内装的是一种由大米、蜂蜜和水果（山楂或葡萄）混合发酵而成的饮料。科学家在陶器内壁附着物中检出了大量的酒石酸和酒石酸盐，以葡萄和山楂为原料所酿的酒均可达到这样的分析结果。但是在贾湖遗址只发现了野生葡萄种子，而没有发现山楂种子。由此得出结论：用于酿造这种混合发酵饮料的水果是葡萄。这是世界上用葡萄酿酒最早的考古证据。

贾湖遗址出土的陶器类型十分丰富，有泥质陶、甲蚌或骨屑陶、夹云母片等几大类，且陶器在接地处蹾出一个小平面，类似于现代葡萄酒酒瓶的尖底，完全符合葡萄酒酿造的要求。

1980年，在中国河南罗山天湖商代（约公元前12世纪）古墓中，出土了一个盛满液体的密闭的铜卣。经鉴定，该液体是3000多年前的葡萄酒，为现存世界上最古老的酒。这也代表了自新石器时代以来已经形成的葡萄酒酿造技术的延续。

在世界范围内，葡萄酒的最初起源地在远东，包括中国、叙利亚、土耳其、格鲁吉亚、亚美尼亚、伊朗等国家。葡萄酒由最初的起源地远东传入欧洲，再由欧洲传入东方和世界其他地区。可以说，远东地区是葡萄和葡萄酒的起源地，欧洲则是后起源中心，即栽培葡萄后的驯化与传播中心。

一、葡萄酒在中国的发展

我们知道，葡萄是最古老的可食植物之一，与葡萄一同进化而来的还有酵母菌。只要成熟的葡萄浆果果皮开裂，以休眠状态存在于果皮上的酵母菌就开始活动，葡萄酒酿造也就开始了，根本不需要人为加工，这就是为什么在人类起源的远古时期就有了葡萄酒。

葡萄，我国古代曾叫"蒲陶""蒲萄""蒲桃""葡桃"等，葡萄酒则相应地叫作"蒲陶酒""蒲萄酒""蒲桃酒""葡桃酒"等。关于"葡萄"两个字的来历，李时珍在《本草纲目》中写道："葡萄，《汉书》作蒲桃，可造酒，人酺饮之，则酶然而醉，故有是名。""酺"是聚饮的意思，"酶"是大醉的样子。按李时珍的说法，之所以称为葡萄，是因为这种水果酿成的酒能使人饮后酶然而醉，故借"酺"与"酶"两字，叫作葡萄。

中国关于葡萄的文字记载最早见于《诗经》。《诗经·周南·樛木》《诗经·王风·葛藟》和《诗经·豳风·七月》中所记载的葛藟、蘡薁等，都是在我国分布广泛的野葡萄。

《诗经》是我国最早的诗歌总集，共收录诗歌305篇，它所反映的时代上起殷商（约公元前17世纪初—约公元前11世纪），下迄春秋。由以上三首诗歌可知，在《诗经》所反映的时代，我国的葡萄栽培已处于野生葡萄的驯化阶段，各种野葡萄不仅被人们熟知、采集、食用，而且也已开始对野葡萄的人工栽培驯化。

根据《周礼·地官司徒》记载，早在3000年前的周朝就有了皇家葡萄园，可见当时人们已经掌握了葡萄栽培和葡萄贮藏技术。

汉武帝建元年间，欧亚种葡萄（Vitis vinifera）始传入中国。《汉书》记载，公元前138—公元前119年汉武帝遣张骞出使西域，将欧亚种葡萄由大宛（今乌兹别克斯坦费尔干纳盆地一带）引入，进行葡萄栽培和葡萄酒生产。

欧亚种葡萄在中国的传播主要是通过丝绸之路，由西域引进，经新疆、河西走廊到达长安（今陕西西安），再由长安传到其他地区。

我们的研究认为，可以将欧亚种葡萄的引进作为中国葡萄酒产业的起点。纵观从汉武帝时代到清末民国的2000多年，中国葡萄酒产业和葡萄酒文化的发展历史，从汉唐创造出灿烂的葡萄酒文化，到元朝葡萄酒业和葡萄酒文化的鼎盛，再到清末民国葡萄酒业的衰落，不难得出"葡萄酒文化是盛世文化"的结论。

中华人民共和国成立后，我国开始发展葡萄酒产业。改革开放以来，中国的葡萄和葡萄酒产业才真正重新焕发出生机。经过多年的努力，中国已拥有了强大的葡萄与葡萄酒科研教学队伍，为产业发展培养了大量专业技术人才；构建了国际葡萄与葡萄酒科研推广平台，推动了行业的科技进步；科学布局了葡萄与葡萄酒产业，提高了产品的整体质量；完善了葡萄酒标准，制定了一系列与葡萄酒产业相关的政策、法规和规范，促进了中国葡萄与葡萄酒产业的健康发展。

总之，中国有着悠久的葡萄栽培历史和连绵不断、光辉灿烂的葡萄酒文化。但我国葡萄和葡萄酒产业的再次崛起却是近40年的事情。据国际葡萄与葡萄酒组织的统计资料，2021年，中国葡萄种植面积78.3万公顷，葡萄酒产量5.9亿升，葡萄酒消费量10.5亿升，分别比1987年、1988年、1989年增长5.1倍、2.1倍、2.8倍，分别居世界第三位、第十一位、第七位，成为稳定全球葡萄酒产业的主要动力，我国已进入世界葡萄酒大国行列。中国消费者正在成为世界葡萄酒消费的生力军和推动者。国内大量葡萄酒庄应运而生，越来越多的国际葡萄和葡萄酒投资商将目光投向了中国。

二、中国：葡萄酒的古文明世界

从葡萄酒的起源和传播途径可以看出，葡萄酒最初由远东地区传入希腊；罗马帝国的扩张使葡萄和葡萄酒传遍欧洲（罗马军队以剑和酒壶征服了整个欧洲）。15、16世纪，由西班牙、葡萄牙、法国、英国等传入它们的殖民地南非、澳大利亚、新西兰、南北美洲等地。因此，休·约翰逊和杰西斯·罗宾逊将世界上所有的葡萄酒生产国家分为旧世界葡萄酒生产国和新世界葡萄酒生产国。他们认为，欧洲的葡萄酒生产国，例如法国、葡萄牙、意大利、西班牙、德国、奥地利、匈牙利等传统葡萄酒生产国，属于葡萄酒的旧世界，而美国、澳大利亚、新西兰、智利、南非等新兴葡萄酒生产国，则属于葡萄酒的新世界。但这一划分却忽略了远东地区的葡萄酒历史。

在2009年的研究报告《走向2050年的葡萄酒世界》中，法国对外贸易顾问委员会（CNCCEF）提出了关于葡萄酒的三个世界的划分，即"旧世"

界",还有一个包括中国、东欧、印度、巴西及北非等国的"新新世界"。但是,新新世界的界定并不合理,因为其依据仅仅是目前世界新经济体的崛起,与葡萄酒的历史文化及其传播没有任何关系。

中国是四大文明古国中唯一一个文明传承至今的国家,拥有悠久的葡萄酒历史。考古发现(表1-1)和历史文献表明,中国在历史上拥有灿烂的、跨越各个朝代的葡萄酒文化。中国葡萄酒发展的历史脉络见表1-2。

表1-1 中国葡萄属植物和葡萄酒的考古发现

考古遗址	年代	出土文物
山东临朐	2600万年前	野葡萄种子化石
河南舞阳贾湖	9000—7500年前	葡萄种子;被证明用于葡萄发酵陶罐的陶罐残片
河南罗山天湖商代古墓	公元前1200年	装满葡萄酒的密封铜卣
新疆民丰古墓	公元前400—公元前200年	葡萄种子;绘有葡萄串和葡萄干装饰的陶罐

中国的现代葡萄酒业在20世纪50年代重新起步。在过去的30年里,它经历了快速增长,中国已经成为世界第十一大葡萄酒生产国。中国是葡萄属植物的起源国之一,世界上近一半的葡萄种原产于中国。对中国历史上葡萄酒发展的时间顺序描述表明,葡萄酒和葡萄酒文化从未中断消失。

表1-2 中国历代葡萄酒业与葡萄酒文化发展脉络

朝代	事件
从周朝到春秋战国	《诗经》中第一次描写葡萄浆果;《周礼》中第一次记载葡萄酒
汉朝	张骞通过丝绸之路把欧亚种葡萄带到了中国
魏晋南北朝	我国葡萄酒业的产生及葡萄酒文化的兴起
唐朝	酒文化繁盛
宋朝	我国葡萄酒业发展的低潮期
元朝	葡萄酒业和葡萄酒文化的鼎盛时期
明朝	我国葡萄酒业的低速发展时期
清朝	张弼士创立张裕公司
中华民国	当时只有少数几个酒厂存在
中华人民共和国	全球化和创新

从距今9000年前的新石器时代至公元前2070年的夏朝这一阶段可称作中国葡萄酒文化的第一时期，历时2000年的夏、商、周三代可称作第二时期。秦统一中国到西汉张骞出使西域后才真正开启了中国的葡萄酒产业。

因此，中国的葡萄酒产业开启于2000年前。从汉武帝时代到清末民国的2000多年间，中国的葡萄酒产业历经了创建、发展、繁荣、衰落等不同时期。在这漫长的历史过程中，虽然葡萄酒产业经历潮起潮落，但与之相伴的中国葡萄酒文化却生生不息，流传至今。因此，无论从葡萄酒的起源，还是从中国连绵不断且不断发展的葡萄酒文化以及中国葡萄酒产业在当今世界上的地位分析，在全世界葡萄酒大家庭中，葡萄酒的三个世界应为：以中国、格鲁吉亚等远东国家为代表的"古文明世界（Ancient World）"，以法国、西班牙等欧洲国家为代表的"旧世界"，和以美国、澳大利亚等原欧洲海上霸主殖民地国家为代表的"新世界"。

第二节　中国葡萄酒产区概况

一、中国酿酒葡萄气候区划及产区分布

葡萄酒产业布局离不开科学的葡萄区划。葡萄区划是全面评价各地区的生态条件和社会经济条件，详细分析葡萄栽培的历史和现状，比较各地发展葡萄与葡萄酒生产的各项因子、特点、生产潜力和存在问题，综合分析后科学地制订葡萄与葡萄酒区域化方案的方法。而葡萄的气候区划是葡萄区划的基础。

（一）中国酿酒葡萄气候区划指标体系及区划结果

由于全球酿酒葡萄的品种绝大多数都属于欧亚种，所以葡萄气候区划及其指标体系的研究均是基于欧亚种葡萄进行的。与其他葡萄和葡萄酒生产大国比较，中国葡萄气候区划工作展开较晚，20世纪80年代才有学者开始正式深入该领域。且国内早期在进行中国葡萄气候区划研究时，大多都沿用国外学者

提出的区划指标体系。世界其他葡萄与葡萄酒产区多处于夏季高温干燥、冬季温和多雨的地中海气候区或者夏季凉爽、冬季温和的海洋性气候区，其各类葡萄气候区划指标的实质，主要是以积温为基础的热量指标。但我国地域辽阔，以夏季炎热多雨、冬季寒冷干燥的大陆性季风气候为主，气候复杂多样。通过对我国不同种植区葡萄成熟度的对比研究发现，葡萄的成熟度，不仅与热量指标密切相关，而且与水分指标密切相关，因此基于地中海气候的区划指标不能解决我国葡萄气候区划问题。在全面研究我国气象指标及其分布与葡萄生长发育所需生物量的吻合度的基础上，通过建模、产地验证，建立了适合我国气候条件的葡萄气候区划指标体系：以生长季活动积温≥2500℃作为热量的总体要求，无霜期（FRD）为热量指标确定栽培的北界，干燥度（1<DI）为水分指标确定栽培的南界，将30年内年极端最低气温低于或等于–15℃的次数超过3次的地区作为埋土防寒区（表1–3）。

在表1–3的气候区划指标体系中，无霜期（FRD）是指一年中终霜后至初霜前的间隔天数；生长季干燥度（DI）是葡萄在生长季的蒸发蒸腾量（实际需水量）与降水量的比值；生长季活动积温为葡萄生长季≥10℃的温度的总和；埋土防寒线是指30年内年极端最低温为–15℃的等温线。

表1–3 中国欧亚种葡萄气候区划指标体系[1]

气候区[2]	1<DI≤1.6 半湿润区	1.6<DI≤3.5 半干旱区	3.5<DI 干旱区
160天≤FRD≤180天凉温区	1.凉温半湿润区	2.凉温半干旱区	3.凉温干旱区
180天<FRD≤200天中温区	4.中温半湿润区	5.中温半干旱区	6.中温干旱区
200天<FRD≤220天暖温区	7.暖温半湿润区	8.暖温半干旱区	9.暖温干旱区
220天<FRD暖热区	10.暖热半湿润区	11.暖热半干旱区	12.暖热干旱区
埋土防寒线	30年内年极端最低温≤–15℃的次数超过3次		

1. 将平均无霜期≥160天，且30年中无霜期小于150天的次数不超过3次作为热量指标的最低限。
2. 生长季活动积温≥2500℃。

利用表1–3的指标体系和经数据整理分析后得到的全国2299个站点连续30年（1982—2011年）的平均气象资料，进行葡萄的气候区划，并采用ARCGIS

作图,即得到中国欧亚种葡萄气候区划(表1-4)。

表1-4　中国欧亚种葡萄气候区划表

气候区	1≤DI≤1.6半湿润区	1.6<DI≤3.5半干旱区	DI>3.5干旱区
160天≤FRD≤180天凉温区	1.三江平原及其以南山地区:抚远、富锦、虎林、双鸭山、勃利、东宁、图们 松辽平原区:五常、九台、农安、长春、双阳、公主岭、梨树、四平、双辽、法库、彰武、开原、宾县 西辽河平原区:八里罕、隆化 燕山山地区:阜新、义县、羊山、凌源、滦平 黄土高原东部太行山地区:汤河口、灵丘、寿阳、方山、交口、安塞、志丹 汾渭平原山地区:左权、榆社、武乡、襄垣、沁源、安泽 黄土高原西部区:吴旗、华池、庄浪、临洮 黄土高原南部区:甘泉、富县、黄龙、华亭、张家川 藏南高山谷地高原温带半干旱区:加查	2.松辽平原区:杜蒙、肇源、松原、前郭、大安、乾安、扎赉特旗、泰来、洮南、通榆、长岭、科左中旗、科左后旗 西辽河平原区:科右中旗、扎鲁特、舍伯吐、通辽、开鲁、奈曼、翁牛特旗、敖汉旗、赤峰、宝国吐、麻黄山 华北平原与鲁中东山地区:青龙山 鄂尔多斯与东河套区:怀安、阳原、怀仁、应县、繁峙、代县、宁武、呼和浩特、土默特左旗、土默特右旗、托克托县、准格尔旗、偏关、包头、达拉特旗、东胜、神木、榆林、乌审旗、鄂托克旗、盐池、定边、韦州 黄土高原东部太行山地区:万全、蔚县、忻州、定襄、阳曲、娄烦、汾阳、中阳、蒲县、横山、米脂、靖边 黄土高原西部区:海原、固原、静宁、会宁、安定、榆中 天山山地区:巴仑台 伊犁谷地区:特克斯 藏南高山谷地高原温带半干旱区:拉孜	3.西河套与内蒙古高原西部区:乌拉特前旗、五原、临河、磴口、惠农、石炭井、平罗、陶乐、灵武、中卫 阿拉善与河西走廊区:头道湖、民勤、武威、张掖、临泽、高台、额济纳旗、拐子湖、中泉子、吉兰泰、山丹、鼎新、酒泉、金塔、瓜州、肃北 塔城盆地区:塔城、额敏、裕民 准噶尔盆地区:蔡家湖、呼图壁、玛纳斯、乌兰乌苏 塔里木与东疆盆地区:敦煌、库米什、和硕

续表

气候区	1≤DI≤1.6半湿润区	1.6<DI≤3.5半干旱区	DI>3.5干旱区
180天<FRD≤200天 中温区	4.松辽平原区：昌图、康平、铁岭 辽东低山丘陵区：沈阳、辽阳、海城、大石桥、盖州、熊岳 燕山山地区：新民、辽中、黑山、台安、北宁、盘山、北票、朝阳、连山区、兴城、绥中、建平县、喀左、建昌、青龙、迁安、宽城、承德县、承德、密云 黄土高原东部太行山地区：延庆、盂县、灵石、永和、隰县、吉县、子长、延长、延安 汾渭平原山地区：昔阳、沁县、黎城、平顺、潞城、壶关、屯留、长治、长子、陵川、高平 黄土高原西部区：庆城、漳县 黄土高原南部区：宜川、洛川、正宁、旬邑、宁县、长武、泾川、灵台、麟游、崆峒、清水、西和 横断山脉东、南部高原温带湿润区：临夏	5.大兴安岭中部区：库伦 内蒙古高原东部区：张家口 黄土高原东部太行山地区：涿鹿、临县、原平、太原、太原北郊、太原古交区、文水、孝义、清徐、交城、平遥、大宁、介休、离石、石楼、佳县、子洲、绥德、清涧 鄂尔多斯与东河套区：保德、府谷、兴县 汾渭平原山地区：榆次、太谷、祁县 黄土高原西部区：环县、靖远、永靖、陇西 青南高原高原亚寒带半干旱区：乐都、民和、循化、尖扎 天山山地区：新源、阿合奇 伊犁河谷区：巩留	6.鄂尔多斯与东河套区：同心 西河套与内蒙古高原西部区：乌海、石嘴山、贺兰、银川、永宁、青铜峡、吴忠、中宁 黄土高原西部区：景泰、白银 阿拉善与河西走廊区：阿拉善左旗、阿拉善右旗 柴达木盆地与昆仑山北翼高原温带干旱区：铁干里克 伊犁谷地区：察布查尔、霍尔果斯、伊宁 准噶尔盆地区：淖毛湖、吉木萨尔、阜康、米泉、乌鲁木齐、莫索湾、石河子、乌苏、沙湾、炮台、精河、博乐 塔里木盆地与东疆盆地区：哈密、十三间房、和静、焉耆、尉犁、且末 天山山地区：伊宁县、霍城、拜城、乌恰
200天<FRD≤220天 暖温区	7.燕山山地区：营口、大洼、锦州 辽东低山丘陵区：鞍山、瓦房店 华北平原与鲁中东山地区：牟平、莱西、潍坊、安丘、昌乐、临朐、广饶、临淄、海兴、孟村、盐山、阳信、景县、惠民、乐陵、宁津、商河、陵县、济阳、泰安、肥城、临西、秦皇岛、抚宁、昌黎、卢龙、滦县、乐亭、滦南、丰润、唐山、丰南、玉田、宝坻、三河、大厂、北辰区、昌平、丰台、房山、廊坊、固安、涿州、高碑店、安新、徐水、肃宁、望都、曲阳、柏乡、内丘 黄土高原东部太行山地区：门头沟、霞云岭、汾西、延川 汾渭平原山地区：平定、涉县、晋中、古县、浮山、沁水、绛县 黄土高原西部区：合水、西峰、镇原 黄土高原南部区：乡宁、宜君、铜川、淳化、彬州、崇信、千阳、陇县、秦安、麦积、甘谷、礼县、宕昌 横断山脉东、南部高原温带湿润区：乡城	8.华北平原与鲁中东山地区：永清、大城、河间、高阳、蠡县、夏津、平乡、武强、赵县、宁晋 黄土高原东部太行山地区：怀来、柳林、洪洞、太原南郊、霍州、吴堡 汾渭平原山地区：襄汾、曲沃、闻喜、芮城、合阳、夏县 黄土高原西部区：兰州 黄土高原南部区：万荣、武山 横断山脉中北部高原温带半湿润区：八宿	9.准噶尔盆地区：克拉玛依、阿拉山口 塔里木与东疆盆地区：鄯善、新和、库尔勒、若羌、轮台、库车、温宿、阿克苏、阿拉尔、阿瓦提、柯坪、民丰、于田、策勒、洛浦、墨玉、伽师、岳普湖、阿克陶、麦盖提 天山山地区：乌什

续表

气候区	1≤DI≤1.6 半湿润区	1.6<DI≤3.5 半干旱区	DI>3.5 干旱区
FRD >220天 暖热区	10. 辽东低山丘陵区：长海、金州、大连、旅顺 燕山山地区：蓟州区 华北平原与鲁中东山地区：唐海、天津、宁河、静海、津南区、城市气候观测站、滨河新区、塘沽、东丽区、黄骅、武清、香河、顺义、石景山、海淀、北京、大兴、成山头、威海、烟台、福山、长岛、蓬莱、栖霞、龙口、招远、即墨、崂山、青岛、莱州、平度、胶州、高密、昌邑、诸城、寿光、沂水、无棣、垦利、东营、滨州、庆云、青州、博兴、高青、桓台、淄博、邹平、周村、淄川、博山、沂源、莱芜、临邑、南皮、德州、平原、禹城、高唐、济南、长清、茌平、平阴、东阿、临清、聊城、冠县、阳谷、莘县、平邑、泗水、曲阜、兖州、滕州、微山、东平、汶上、济宁、嘉祥、梁山、郓城、巨野、金乡、单县、丰县、鄄城、成武、定陶、菏泽、东明、曹县、砀山、虞城、商丘、亳州、鹿邑、宁陵、民权、兰考、杞县、馆陶、广平、东光、吴桥、雄县、容城、饶阳、武邑、衡水、保定、满城、顺平、唐县、行唐、新乐、灵寿、平山、石家庄、井陉、元氏、赞皇、高邑、临城、隆尧、南和、巨鹿、邢台、沙河、永年、邯郸、武安、魏县、临漳、磁县、峰峰、台前、范县、南乐、清丰、内黄、濮阳、安阳、汤阴、林州、浚县、滑县、淇县、长垣、封丘、延津、卫辉、辉县、温县、获嘉、新乡、原阳、修武、武陟、焦作、开封、通许、中牟、郑州、荥阳、新郑、长葛、许昌、临颍、禹州、襄城、郏县、宝丰 黄土高原东部太行山地区：易县、阜平 汾渭平原山地区：阳泉、新密、博爱、沁阳、阳城、济源、孟州、巩义、偃师、登封、汝州、孟津、新安、伊川、宜阳、汝阳、嵩县、垣曲、渑池、洛宁、平陆、三门峡、灵宝、卢氏、韩城、潼关、华阴、商县、白水、华县、渭南、临潼、蓝田、高陵、西安、长安、礼泉、永寿、兴平、鄠邑区、乾县、武功、杨凌、周至、扶风、眉县、岐山、宝鸡市陈仓区、宝鸡 大别山与苏北平原区：郸城、沈丘、项城、漯河、镇平、新野、邓州、丹江口、郧阳区 黄土高原南部区：耀州区、凤翔、天水、武都 秦巴山地区：文县、丹凤 横断山脉东、南部高原温带湿润区：九寨沟、茂县、汶川、小金、丹巴 横断山脉中北部、高原温带半湿润区：巴塘 滇西山地滇中高原区：东川、宾川、弥渡、元谋、南涧 滇西南山地区：元江、建水、开远	11. 华北平原与鲁中东山地区：沾化、利津、霸州、文安、青县、沧州、任丘、献县、泊头、阜城、故城、武城、枣强、清河、安国、定州、安平、深州、深泽、无极、辛集、冀州、新河、宁晋、晋州、藁城、正定、栾城、任泽区、威县、邱县、广宗、鸡泽、曲周、肥乡、成安、大名 汾渭平原山地区：临汾、稷山、翼城、侯马、新绛、运城、河津、临猗、永济、澄城、大荔、秦都、蒲城、泾阳、富平 三江平原及其以南山地区：舟曲 横断山脉东、南部高原温带湿润区：得荣	12. 塔里木盆地与东疆盆地区：吐鲁番、吐鲁番东坎、托克逊、沙雅、巴楚、喀什、英吉沙、莎车、叶城、泽普、皮山、和田 天山山地区：阿图什
埋土防寒线	我国适合欧亚种葡萄种植区的埋土防寒线走势从东到西大致为：由山东的莱州，经潍坊、临沂、济宁，至河南新乡，经洛阳，至三门峡，经山西运城，陕西渭南、宝鸡，至甘肃的天水，然后沿西南方向，经四川的马尔康、甘孜藏族自治州，至西藏东南的昌都市，最后向西，经林芝市，直至山南市。		

在气候区划的基础上，辅以各亚区的生长季活动积温和不同成熟期葡萄品种的生长季活动积温的需求（表1-4）进行分析，就得到了全国欧亚种葡萄气候适宜区的品种区域化结果。需强调指出的是，虽然在生长季活动积温高的地区不同成熟期葡萄的品种都能成熟，但只有品种需求与产地所能提供的生长季活动积温相吻合的时候，才能获得最佳的质量。

表1-5 欧亚种葡萄不同成熟期品种的分类及积温范围

类别	≥10℃的活动积温（℃）
极早熟和早熟	2500~2700
中熟	2700~3200
晚熟	3200~3500
极晚熟	>3500

在欧亚种葡萄气候区划的基础上，根据我国特有的山葡萄、毛葡萄和刺葡萄的特性，以及鲜食葡萄避雨设施栽培的特点，增加了这些葡萄栽培的气候区划。

区划的产地验证表明，上述葡萄气候区划与我国葡萄产区分布符合度非常高，所有露地栽培欧亚种葡萄的产区均在欧亚种葡萄气候区划范围内。不在欧亚种葡萄气候区划范围内的黑龙江和吉林部分地区主要栽培山葡萄及其杂种品种，云南弥勒主要栽培欧美杂种葡萄品种，广西、江西主要栽培毛葡萄及其杂种品种，湖南及贵州主要栽培刺葡萄及其杂种品种，南方的鲜食葡萄产区均不同程度地采用避雨设施栽培，也都在相应的气候区划范围内。因此以生长季活动积温、无霜期、生长季干燥度和埋土防寒线作为我国葡萄气候区化的指标体系是合适的，由此作出的葡萄气候区划也是符合实际情况的。

根据区划结果，我国欧亚种葡萄产区90%以上分布在埋土防寒区，而世界其他产区基本不存在此类问题。埋土防寒区传统的葡萄栽培模式防寒效果差，不适应机械化生产，一度成为制约我国葡萄与葡萄酒产业可持续发展的重大难题。因此研究适于埋土防寒区葡萄优质、安全、高效的栽培模式，成为中国葡萄与葡萄酒产业发展的关键。这也是我们的重点研究领域。

区划结果突出显示了在有灌溉能力的条件下,我国华北、西北和西南的干旱半干旱地区的大部,均为葡萄种植适宜气候区,总投射面积达12亿亩,具有发展葡萄与葡萄酒产业的巨大潜力。特别是这些区域有大面积的坡地、沙漠、戈壁、荒滩等非耕地,能够生产出优质的葡萄。该气候区划引导了中国葡萄酒产业向新疆、宁夏、甘肃、陕西和西南高山区等优质产区发展。

(二)中国葡萄酒产区分布

综合考虑中国气象地理区划及中国行政区划,将中国现有酿酒葡萄栽培区域划分为11个产区。其产区名称及其分布范围见表1-6。

表1-6　中国葡萄酒产区划分及各产区分布范围

产区	分布范围	数据来源
东北产区	辽宁、吉林、黑龙江三省	黑龙江青谷酒庄有限公司、长白山酒业集团有限公司、辽宁五女山米兰酒业有限公司
京津冀产区	北京、天津、河北三省市	国家葡萄产业技术体系北京综合试验站、房山区酒庄葡萄酒协会、张家口农科院、中法合营王朝葡萄酿酒有限公司
山东产区	山东省	山东葡萄研究所
黄河故道产区	河南东部、安徽北部及江苏北部	郑州果树研究所
黄土高原产区	山西省和陕西省	运城格瑞特酒庄、国家葡萄产业技术体系太谷综合试验站、陕西省果业局
内蒙古产区	内蒙古自治区	内蒙古汉森酒业
宁夏贺兰山东麓产区	宁夏回族自治区	宁夏葡萄产业发展局
河西走廊产区	甘肃省	甘肃酒类管理局
新疆产区	新疆维吾尔自治区	巴州林业和草原局、天山北麓葡萄酒协会
西南高山产区	青藏高原东南部、四川盆地和云贵高原大部	云南农业大学
特殊产区	湖南省和广西壮族自治区	湖南农业大学、广西农业科学院

根据调查结果,并结合中国县级行政地图,我们总结出中国葡萄酒产区分布及酿酒葡萄栽培区的县级分布情况。我国有179个县(市、区)种植酿酒葡萄,分布在24°~47°N以及76°~132°E之间,每个产区都有规模大小不同的代表性葡萄酒企业。但栽培区主要集中在北方地区,南方的西南高山产区由于高

海拔和低纬度的地理特点，生态条件复杂，存在一些极佳的适合酿酒葡萄生长的小气候区域，而特殊产区分布的主要是一些耐湿热的中国原生野生葡萄资源，如湖南的刺葡萄和广西的毛葡萄。

各产区均逐渐建立有不同规模的酿酒企业，呈现中国葡萄酒产业的新景象。各产区的县级栽培区域及代表性葡萄酒企业见表1-7（不完全统计）。

表1-7　各产区的栽培区域及代表性企业

产区	栽培区域	代表性酿酒企业
东北产区	尖山、桦南、七台河、密山、林口、海林、东宁、依兰、昂昂溪、柳河、集安、通化、蛟河、桓仁、本溪、龙城、建平、辽中、阜新、金州、瓦房店	辽宁五女山米兰酒业有限公司、辽宁张裕冰酒酒庄有限公司、辽宁天池葡萄酒有限公司、大连香洲庄园葡萄酒有限公司、大连金石葡萄酒庄有限公司、长白山酒业集团有限公司、通化葡萄酒股份有限公司、吉林华夏葡萄酒有限公司、柳河华龙葡萄酒业有限公司、雪兰山葡萄酒业有限公司、吉林斯普瑞葡萄酒有限公司、通化东特葡萄酒有限公司、通化紫隆山葡萄酒厂、通化华特葡萄酒公司、通化雪冰花葡萄酒业有限公司、鸭江谷酒庄、汇源龙韵酒庄、黑龙江青谷酒庄、黑龙江禄源酒业、黑龙江天隆酒庄、黑龙江金河酒庄、胜利葡萄酒厂、黑龙江省横道河子酿酒总厂、黑龙江小兴安岭山葡萄酒有限公司、齐齐哈尔龙泉湖酒庄等
京津冀产区	房山、密云、延庆、宁河、汉沽、大港、蓟州、武清、北辰、怀来、涿鹿、宣化、昌黎、卢龙、抚宁、兴隆、定州	北京波龙堡葡萄酒业有限公司、北京莱恩堡葡萄酒业有限公司、北京仙露堡葡萄酒业有限公司、丹世红（北京）葡萄种植有限公司、北京龙熙堡葡萄酒业有限公司、北京沃德酒庄有限公司、北京张裕爱斐堡国际酒庄有限公司、北京丘比特邑仕国际酒庄有限公司、北京辉煌云上葡萄酒庄有限公司、中法合营王朝葡萄酿酒有限公司、中粮长城桑干酒庄（怀来）有限公司、怀来容辰庄园葡萄酒有限公司、河北马丁葡萄酿酒有限公司、怀来紫晶庄园葡萄酒有限公司、中粮长城葡萄酒（涿鹿）有限公司、中粮华夏长城葡萄酒有限公司、朗格斯酒庄（秦皇岛）有限公司、贵州茅台酒厂（集团）昌黎葡萄酒业有限公司等
山东产区	蓬莱、龙口、莱州、招远、栖霞、莱山、莱阳、海阳、乳山、平度、即墨、莱西、崂山、胶南、昌乐、高密、五莲、河东、历城、平阴、岱岳、德城、山亭	烟台张裕葡萄酿酒股份有限公司、烟台威龙葡萄酒股份有限公司、中粮长城葡萄酒（烟台）酒庄有限公司、蓬莱国宾葡萄酒庄有限公司、瑞枫奥塞斯(烟台)葡萄酒庄园有限公司、青岛华东葡萄酿酒有限公司、青岛爱迪尔葡萄酿酒有限公司、台依湖国际酒庄、汉诺（庄园）葡萄酒有限公司、奥德曼葡萄酒庄有限公司、山东凤凰谷瑞邦葡萄酒庄园有限公司、济南卓雅轩酒庄有限公司、日照尧王酒业集团有限公司等

续表

产区	栽培区域	代表性酿酒企业
黄河故道产区	民权、兰考、杞县、睢县、宁陵、惠济、西华、萧县、丰县、铜山区、沛县	民权葡萄酒有限公司、帝森葡萄酒有限公司、兰考路易葡萄酒酿酒有限公司、江苏皇藏(丰县)葡萄酒酿酒有限公司、江苏红日酒业有限公司、安徽萧县夜光杯葡萄酿酒有限公司、安徽古井双喜葡萄酒有限责任公司等
黄土高原产区	泾阳、三原、渭城、杨凌、鄠邑区、蒲城、合阳、临渭、蓝田、丹凤、府谷、太谷、左权、清徐、乡宁、襄汾、夏县	张裕瑞那城堡酒庄有限公司、蓝田玉川酒庄有限公司、杨凌盛唐酒庄有限公司、陕西天齐酒业有限公司、陕西丹凤葡萄酒有限公司、陕西安森曼葡萄酒有限公司、陕西东凤葡萄酒有限公司、泾阳日新农业开发有限公司、山西怡园酒庄有限公司、山西戎子酒庄有限公司、运城市格瑞特酒业有限公司、山西斐尔蒙酒庄有限公司、山西尧京酒业有限公司、山西鑫森酒庄有限公司等
内蒙古产区	阿左旗、乌海、磴口、伊金霍洛旗、杭锦旗、托克托、集宁、喀喇沁旗、科尔沁、开鲁、奈曼旗	内蒙古汉森葡萄酒业有限公司、内蒙古阳光田宇葡萄酿酒有限公司、内蒙古吉奥尼葡萄酒业有限责任公司、内蒙古牛王庄园葡萄酒有限公司、内蒙古瑞沃酒庄有限公司等
宁夏贺兰山东麓产区	大武口、惠农、平罗、银川、贺兰、永宁、青铜峡、红寺堡	宁夏张裕摩塞尔十五世酒庄有限公司、中粮长城葡萄酒(宁夏)有限公司、王朝御马酒庄(宁夏)有限公司、保乐力加(宁夏)葡萄酒酿造有限公司、酩悦轩尼诗夏桐(宁夏)酒庄有限公司、宁夏贺兰晴雪酒庄有限公司、宁夏银色高地酒庄有限公司、宁夏志辉源石酒庄有限公司、银川巴格斯酒庄有限公司、宁夏青铜峡市禹皇酒庄有限公司、宁夏贺兰山东麓庄园酒业有限公司、西夏王葡萄酒业(集团)有限公司、宁夏汉森酒业集团等
河西走廊产区	敦煌、嘉峪关、肃南、临泽、高台、甘州、凉州、民勤、兰州	甘肃莫高实业发展股份有限公司、甘肃皇台酒业股份有限公司、甘肃威龙有机葡萄酒有限公司、甘肃祁连葡萄酒有限公司、甘肃张掖国风葡萄酒业有限责任公司、甘肃紫轩酒业有限公司、敦煌市葡萄酒业有限公司等
新疆产区	伊宁、霍城、察布查尔、石河子、玛纳斯、呼图壁、昌吉、五家渠、米泉、阜康、焉耆、和静、和硕、博湖、托克逊、鄯善、哈密、阿克苏、喀什、麦盖提、疏附、和田、于田、民丰	中信国安葡萄酒股份有限公司、中粮长城葡萄酒(新疆)有限公司、大唐西域酒庄股份有限公司、新疆沙地葡萄酒有限公司、新疆张裕巴保男爵酒庄有限公司、新疆重力庄园葡萄酒业有限公司、新疆纳兰河谷葡萄酒庄有限公司、新疆天塞酒庄有限责任公司、新疆中菲酿酒股份有限公司、新疆乡都酒业有限公司、新疆唐庭霞露酒庄有限公司、新疆丝路葡萄庄园酒业有限责任公司、新疆芳香庄园葡萄酒业有限公司、新疆楼兰葡萄酒业有限公司、吐鲁番驼铃酒业有限公司、新疆伊犁葡萄酒厂等
西南高山产区	小金、金川、丹巴、茂县、理县、九寨沟、巴塘、得荣、西昌、攀枝花、德钦、维西、弥勒、丘北、东川、朗县、左贡、芒康	九寨沟天然葡萄酒业有限责任公司、甘孜州康定红葡萄酒业有限公司、四川省琨宇实业集团有限公司成都红分公司、四川川玖集团有限公司、正大集团(西昌正大酒业有限公司)、攀枝花攀西阳光酒业有限公司、云南香格里拉酒业股份有限公司、云南太阳魂酒业有限公司、酩悦轩尼诗香格里拉(德钦)酒业有限公司、云南藏地天香酒业有限公司、云南红酒业集团有限公司、云南红河神泉葡萄酒有限责任公司、芒康县藏东珍宝酒业有限公司等

续表

产区	栽培区域	代表性酿酒企业
特殊产区	芷江、中方、靖州、会同、辰溪、新晃、澧县、平江、大通湖、凤凰、长沙、炎陵、蓝山、祁阳、都安、罗城	湖南神州庄园葡萄酒业有限公司、株洲市君旗酒业、芷江县紫秋刺葡萄专业合作社、湖南唯楚果汁酒业有限公司、湖南曙光山城酒业有限公司、广西中天领御酒业有限公司、广西都安密洛陀野生葡萄酒有限公司

各产区的海拔差异较大。其中，西南高山产区是海拔最高的产区，平均海拔约2000米，有着明显的高海拔低纬度特点；河西走廊产区是海拔第二高的产区，平均海拔为1517米；贺兰山东麓产区为第三高海拔产区，平均海拔约1110米。内蒙古产区由于位于内蒙古高原，也有着较高的海拔，均值约911米。其他产区基本上位于平原、丘陵或盆地，有着相对缓和的海拔（表1-8）。

表1-8 各产区站点数及海拔范围

葡萄酒产区	站点数（个）	海拔范围（米）	平均海拔（米）
东北产区	20	12.2~422.0	207.15
京津冀产区	16	1.3~629.3	190.78
山东产区	22	4.8~171.5	68.60
黄河故道产区	10	34.7~110.4	57.80
黄土高原产区	13	402.9~1134.6	654.20
内蒙古产区	11	178.7~1561.4	911.60
宁夏贺兰山东麓产区	8	1092.5~1128.8	1110.90
河西走廊产区	8	1139.0~2311.8	1517.00
新疆产区	20	1.0~1422.0	837.60
西南高山产区	14	1254.1~3319.0	1986.30
特殊产区	14	40.2~355.5	218.60

（三）中国葡萄酒产区气候特点

根据全国葡萄酒产区范围内156个国家气象站点30年的逐日气象数据，结合酿酒葡萄相关气候指标，计算出各站点相关指标的30年均值，可以对各产区的酿酒葡萄栽培气候类型进行了解。

根据无霜期，酿酒葡萄栽培气候适宜区可划分为四个气候区：凉温区

（160~180天）、中温区（180~200天）、暖温区（200~220天）、暖热区（大于220天），各产区的无霜期范围及均值见表1-9。东北产区和内蒙古产区以冷凉气候为主导，部分地区属于中温区。部分地区无霜期在160天以下，根据无霜期界定的栽培适宜范围来看，这些地方不具备种植欧亚种酿酒葡萄的潜力，因此这些地区主要分布的是东亚种群葡萄。河西走廊产区基本上属于凉温区，兰州除外。兰州位于甘肃省中部，属于暖热气候区，是一个新兴的葡萄酒产区。贺兰山东麓产区以中温气候为主，部分地区属于凉温气候。新疆产区、京津冀产区、黄土高原产区均横跨4个气候区，其中新疆产区以中温气候为主，而京津冀产区则是暖热气候较为普遍，黄土高原产区偏向于暖温和暖热气候。山东产区、黄河故道产区、西南高山产区和特殊产区以暖热气候为主。在西南高山产区，由于其复杂的地理地形因素，无霜期范围跨度很大，其最小值为178天，最大值为353天。特殊产区是所有产区中最热的，无霜期最低值达到277天，该产区主要分布的是东亚种群葡萄中的刺葡萄和毛葡萄，这些葡萄品种有着耐热、耐湿、耐病虫害的特性。但是由于葡萄打破自然休眠需要一定的低温，这种低温需求通常在0~7°C，不同品种有所差异。目前，这两个中国南方野生种葡萄的低温需求还不明确。但是，在温暖地区，如果冬季气温很难低于7°C，就很可能因为低温需求不足而导致延迟萌芽和萌芽不同步。因此，这些地区常常利用破眠剂来促进萌芽。在广西，破眠剂结合其他管理技术，还可以实现葡萄的一年两收。

表1-9 各产区无霜期

葡萄酒产区	无霜期范围（天）	平均无霜期（天）
东北产区	147~222	171
京津冀产区	162~228	206
山东产区	212~241	230
黄河故道产区	228~245	238
黄土高原产区	165~254	213
内蒙古产区	143~184	169
宁夏贺兰山东麓产区	172~190	183

续表

葡萄酒产区	无霜期范围(天)	平均无霜期(天)
河西走廊产区	141~213	173
新疆产区	176~242	199
西南高山产区	178~353	273
特殊产区	277~365	314

而根据干燥度,酿酒葡萄气候适宜区可划分为三个气候区:半湿润区(1.0~1.6),半干旱区(1.6~3.5),干旱区(大于3.5)。各产区的干燥度范围及均值见表1-10。从整体来看,大多数产区都属于半湿润区。降水是制约中国葡萄栽培发展的重要因素。根据干燥度,特殊产区完全属于不适宜欧亚种葡萄种植的区域。因此,该地区的葡萄酒产业主要依靠刺葡萄和毛葡萄的生产。在该产区,有必要提高栽培管理模式,减少病虫害的发生。西南高山产区主要为半湿润区,且有部分地区属于湿润区。然而,这个地区有着复杂的地理地形条件,多山,高海拔,葡萄园多分布在具有良好排水能力的山坡上,因此其干燥度底线比其他产区略低。此外,该产区葡萄主要是欧美杂交种,表现出比欧亚种更好的抗性。黄河故道产区、东北产区、山东产区以及京津冀产区主要为半湿润类型,近四分之一的京津冀地区属于半干旱区。这些产区的葡萄园管理应该更多地集中在病虫害的防控上,同时也要考虑对高抗性品种的栽培和利用。黄土高原产区兼具半湿润区半干旱区,内蒙古产区主要为半干旱区和干旱区。整个宁夏贺兰山东麓产区都属于干旱区。河西走廊产区以干旱区为主,小面积为半干旱区。新疆产区也完全属于干旱区,是中国最干的葡萄酒产区。因此,高效灌溉是这些地区生产优质葡萄的必要条件。

表1-10 各产区干燥度

葡萄酒产区	干燥度范围	平均干燥度
东北产区	0.67~1.61	1.13
京津冀产区	0.85~2.26	1.45
山东产区	0.81~1.55	1.17

续表

葡萄酒产区	干燥度范围	平均干燥度
黄河故道产区	0.91~1.25	1.05
黄土高原产区	1.19~2.09	1.59
内蒙古产区	1.50~6.91	3.57
宁夏贺兰山东麓产区	4.31~5.22	4.77
河西走廊产区	2.22~31.42	8.47
新疆产区	3.91~246.45	28.62
西南高山产区	0.66~1.92	1.04
特殊产区	0.44~0.72	0.59

世界上大多数产酒国都以地中海气候或海洋性气候为主导，与这些产酒国不同的是，中国有着典型的大陆性季风气候，因此北方大部分地区都有着寒冷而干燥的冬季。在中国，酿酒葡萄大多为欧亚种，通常当温度低至-15°C时，就必须对这些葡萄进行埋土处理，来抵御冬天的严寒，确保其顺利越冬。当然，这个温度值并不是绝对的，葡萄的耐寒性有着复杂的生理机制，并受品种以及其他环境因素的影响。各产区的极端低温范围及均值见表1-11。可以看出东北产区、内蒙古产区、河西走廊产区、宁夏贺兰山东麓产区、新疆产区以及京津冀产区的年极端低温基本上都低于-15°C，因此这些产区大多数是需要埋土的。黄土高原产区横跨埋土区和非埋土区。山东产区也位于埋土和非埋土的交界处，如果30年内年极端低温低于-15°C发生3次以上，浅埋土处理仍然是必不可少的。黄河故道产区、西南高山产区和特殊产区这3个产区，葡萄不需要埋土也能够顺利越冬。由此可见，在中国大部分的葡萄酒产区，埋土是必不可少的。而这项措施的进行也是影响葡萄园收入和管理的重要因素。因此，埋土线边界地区可以尝试引进更多的抗寒品种。山葡萄就是一个极其耐寒的葡萄品种，可耐受温度低至-40°C，可作为一个很好的种质资源来培育耐寒品种。

表1-11 各产区年极端低温

葡萄酒产区	极端低温范围（℃）	平均极端低温（℃）
东北产区	−33.7～−15.0	−26.4
京津冀产区	−23.4～−14.2	−17.3
山东产区	−15.3～−10.2	−12.1
黄河故道产区	−11.6～−9.7	−10.6
黄土高原产区	−23.5～−8.6	−15.2
内蒙古产区	−26.0～−20.2	−23.7
宁夏贺兰山东麓产区	−21.2～−18.9	−20.0
河西走廊产区	−22.7～−14.4	−21.2
新疆产区	−31.9～−13.6	−22.0
西南高山产区	−10.6～−0.3	−5.4
特殊产区	−5.0～−3.6	−2.6

近年来，各地葡萄酒产业发展迅猛。每个产区气候条件差异很大，适合不同品种的葡萄生长，这表明中国葡萄酒产区具有巨大的多样性。而各产区的品种结构基本相似，不能发挥产区的多样性潜力。因此，加强能表现各产区风土的品种结构研究，保证产区葡萄酒的多样性和个性，是目前提高中国葡萄酒竞争力的最重要的途径。唯此，才能使中国葡萄酒产业走上"突出个性、提高质量、降低成本、节能减排"的可持续发展道路。

二、中国葡萄酒产区发展现状

（一）酿酒葡萄面积

根据不完全统计调查研究结果，截至2020年，中国酿酒葡萄栽培涉及179个县，总面积168.58平方千米。在全国11大产区中，新疆产区面积最大，为43.30平方千米；其次是宁夏贺兰山东麓产区，达30.67平方千米；东北产区面积位居第三，为22.8平方千米；内蒙古产区面积最小，为1.46平方千米（图1-1）。

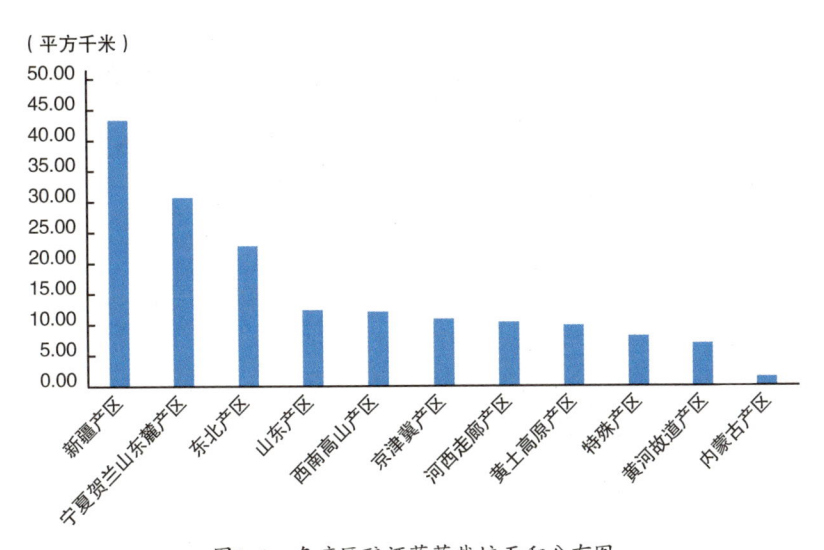

图1-1　各产区酿酒葡萄栽培面积分布图

（二）酿酒葡萄品种结构

由表1-12可以看出，各产区酿酒葡萄品种除了东北产区以山葡萄为主，特殊产区以刺葡萄和毛葡萄为主外，其余产区皆是以国际品种为主，且品种结构大致相同。红色葡萄品种占主导，而其中赤霞珠又为栽培最广的红色葡萄品种，其次是梅鹿辄、蛇龙珠等；白色品种整体量少，主要是霞多丽、贵人香、雷司令等。

表1-12　各产区主栽酿酒葡萄品种

产区	主要栽培品种	品种特点
东北产区	山葡萄及其杂交种、威代尔	抗寒性极强的东亚种群
京津冀产区	赤霞珠、蛇龙珠、梅鹿辄、玫瑰香、霞多丽、贵人香	大部分地区：抗性一般的欧洲葡萄
山东产区	赤霞珠、蛇龙珠、梅鹿辄、品丽珠、霞多丽、贵人香	
黄河故道产区	赤霞珠、梅鹿辄、霞多丽	
黄土高原产区	赤霞珠、梅鹿辄、蛇龙珠、霞多丽、白玉霓	
内蒙古产区	赤霞珠、山葡萄	内蒙古部分地区：抗寒性极强的东亚种群

续表

产区	主要栽培品种	品种特点
宁夏贺兰山东麓产区	赤霞珠、梅鹿辄、蛇龙珠、霞多丽、雷司令	大部分地区：抗性一般的欧洲葡萄
河西走廊产区	黑比诺、赤霞珠、霞多丽、贵人香	
新疆产区	赤霞珠、梅鹿辄、烟73、霞多丽、雷司令	
西南高山产区	赤霞珠、梅鹿辄、玫瑰蜜、水晶葡萄	西南高山产区部分地区：抗性普遍较欧亚种强的欧美杂种
特殊产区	刺葡萄、毛葡萄	具有耐湿热的东亚种群

（三）酿酒葡萄关键栽培技术体系

目前，经过多年的研究创新，我国已经形成了酿酒葡萄栽培技术体系。

在树形控制方面，针对葡萄机械化生产的要求，科研人员创新性研发并推广了光能利用率高、光合作用佳、新梢生长均衡、果实品质优、管理省工、便于机械化和标准化生产的高光效省力化树形和叶幕形及其配套简化修剪技术。在下架越冬防寒区推广采用倾斜主干水平龙干（又称厂形）配合水平叶幕、篱架叶幕或"V"形叶幕的栽培方式，在埋土防寒区采用不用冬季下架和春季上架的爬地龙整形修剪方式；非下架越冬防寒区采用直立主干水平龙干（又称倒"L"形，"T"形或一字形）配合水平、篱架叶幕或"V"形叶幕的栽培方式，以及单干双臂和头状整形方式。研究提出，定梢后及时绑蔓新梢，使枝梢在架面分布均匀，便于通风透光良好的新梢省力管理技术；对于坐果率低的品种，采取两次成梢技术；对于坐果率高的品种，采取一次成梢技术，以及副梢模式化修剪技术。

在土肥水管理方面，随着对葡萄营养与施肥研究的深入，葡萄施肥已进入根据葡萄对矿质元素的需求、土壤肥力状况、肥料利用率、植株营养和土壤营养等的诊断结果，科学合理确定施肥期、肥料种类和施肥量，葡萄水肥一体化技术广泛受到重视并得到应用。

在病虫害防治方面，主要产区在初步建立病虫害预测预报监控体系的基础上，创新性研发并推广坚持"预防为主，综合防治"原则的病虫害规范化防控技术体系。包括以植物检疫和检测为主的源头控制、以"自然控制为主,人工防治为辅"的过程阻断和以"统防统治"为主的末端治理技术。

(四)葡萄酒酿造关键技术体系

与世界其他产区比较,我国酿酒葡萄成熟时组分平衡性存在缺陷,单一酿造工艺无法满足我国葡萄酒酿造的实际需求,因此需要创立基于我国酿酒葡萄原料特性的酿造工艺体系。据此,我国科技工作者,围绕优质葡萄酒酿造、葡萄酒安全控制和质量可追溯技术等关键问题,进行了持续深入的研究,并取得了丰富的成果:①构建了以原料成熟度为基础、浸渍技术为核心、产品定位为目标的各类葡萄酒发酵复合工艺体系,并发明推广了相应的设备。②揭示了我国葡萄酒成熟过程中多种物质转化的实质是多酚和芳香物质的非酶氧化还原反应,建立了以"氧化还原控制"为核心的陈酿工艺体系,开发推广了"葡萄酒微氧控制装置"。③针对我国本土葡萄酿酒微生物产品缺乏的产业状况,于1996年首先开启了中国葡萄酒本土微生物风土研究,研发的本土葡萄酒微生物已进行产业化推广。④系统研究了原料农残种类和含量对葡萄酒酿造的影响,发现了葡萄酒酿造过程中氨基甲酸乙酯、生物胺、甲醇等的生成和转化规律,构建了对上述物质的安全控制技术体系,保障了葡萄酒的安全,为我国葡萄酒质量安全技术标准体系的建设提供了技术依据。⑤构建了我国葡萄酒安全控制技术体系和葡萄酒地理标志及其保护体系。研究确定了我国主要葡萄酒产区以香气和酚类物质为主的关键风味成分,建立了我国地理标志葡萄酒的风味指纹图谱,提出并构建了以产地、品种、原料质量、酿造工艺等为核心的中国葡萄酒地理标志及其保护体系。该成果被国家市场监督管理总局采纳,并扩展应用于其他地理标志产品保护领域。

三、葡萄酒产业发展存在的问题

虽然经过新中国成立以来,特别是改革开放以来的快速发展,中国已经建立起从土地到餐桌完整的葡萄酒技术体系,但与葡萄酒产业发达的国家相比,仍然存在较大差距。主要表现在:品种单一,缺乏具有自主知识产权的耐寒耐旱的优质酿酒葡萄品种（埋土防寒区）和抗病的优质酿酒葡萄品种（非埋土防寒区）；酿酒葡萄种植成本高、农艺农机融合水平低；缺乏具有自主知识产权的本土酿酒微生物制剂；产业废弃物资源化利用率较低；产业智慧化生产管理水平落后。

上述问题导致中国葡萄酒同质化严重，不能表现产区风格；生产成本高，产品附加值低；产业链条短，生态功能减弱。其综合表示为产品价高质低，品类单调，缺乏市场竞争力，产业可持续发展乏力。针对上述制约中国葡萄酒产业发展的关键技术问题，选育耐寒、耐旱优质酿酒葡萄新品种和抗病的优质酿酒葡萄新品种，开发本土优质微生物资源，建立酿酒葡萄精准栽培、表现产区风格的酿酒工艺、葡萄与葡萄酒智能化生产大数据平台等生态化技术体系，并在葡萄酒产业链的每一个环节落实尊重自然、顺应自然、保护自然的生态文明理念，才能使葡萄酒产业永续发展。

第三节　中国葡萄酒法规的发展历程与现状

随着中国经济的发展和人民生活水平的提高，葡萄酒产业逐渐扩大，目前中国已成长为全球瞩目的葡萄酒生产大国和消费市场，这离不开法规监管体系的支持。经过几度调整，目前的法规监管体系对中国葡萄酒行业从土地到餐桌的各个方面进行了规范。

一、中国葡萄酒标准的发展阶段

近代中国的葡萄酒生产一直处于落后的状态，与世界先进水平有一定的差距。从中华人民共和国成立到1978年，葡萄酒产业经历了初期恢复与发展、中期建设几个阶段；1978年以来又经历了发展、快速崛起和深度调整3个阶段。与此同时，中国葡萄酒的法规监管体系也进行了3次大调整，每次新标准的颁布实施都对葡萄酒行业的发展起到了巨大的推动作用。

第一章
中国葡萄酒产业新征程

新中国成立前,我国只有5个葡萄酒厂,1949年葡萄酒产量仅为200千升。

1978—1994年,随着改革开放的推进,中国葡萄酒行业进入了第一个监管阶段。起初,酿造葡萄酒没有统一的标准,生产商只是单独执行自己的企业标准。直到1984年,原轻工业部颁布了中国第一个葡萄酒标准即QB 921—1984《葡萄酒及其试验方法》,这标志着中国葡萄酒行业从无序开始走向标准化。然而,由于该标准要求低,且法律约束力较弱,导致劣质葡萄酒充斥市场,严重损害了国产葡萄酒的声誉。

1994—2004年,是中国葡萄酒产业大发展的阶段,市场上的半汁葡萄酒向全汁葡萄酒转变。1994年颁布了GB/T 15037—1994《葡萄酒》、QB/T 1980—1994《半汁葡萄酒》和QB/T 1982—1994《山葡萄酒》标准,同时QB 921—1984《葡萄酒及其试验方法》标准被废止。GB/T 15037—1994《葡萄酒》是中国第一部全汁葡萄酒国家标准,在这一阶段发挥了重要作用。自此葡萄酒产品定义和检测指标都与国际标准保持一致。但由于受当时国内原材料供应短缺、消费者喜好以及消费水平低等因素影响,半汁葡萄酒仍占据一定的国内市场,直到2003年3月17日QB/T 1980—1994《半汁葡萄酒》才被废止。与此同时,2003年1月1日,《中国葡萄酿酒技术规范》开始实施,这是一部参照国际酿酒法规并结合中国葡萄酒生产国情制定的行业规范文件。此外,国家有关部门还对1994年版的《葡萄酒》标准进行了修订。2004年7月1日,半汁葡萄酒停止生产和销售,这意味着中国葡萄酒生产进入了纯葡萄汁发酵的时代。为生产优质葡萄酒的企业腾出了近三分之一的曾由半汁葡萄酒占据的总市场容量,促进了中国葡萄酒产业的升级。

2004—2013年,中国葡萄酒行业进入快速崛起时期。一方面,葡萄酒产业的发展得益于国家战略的支持,如2002年国家经贸委宣布重点发展葡萄酒和其他果酒。另一方面,在21世纪初,中国宏观经济增长、进口税降低和自由贸易协定的签订支持了葡萄酒市场的繁荣。与此同时,葡萄酒企业开始重视原料基地建设和品牌建设,中国葡萄酒品质显著提升。但在这一阶段,中国葡萄酒的产品主要是大规模、工业化、标准化生产的佐餐葡萄酒。由于要满足大众口味，佐餐葡萄酒除需符合相应葡萄酒种类的标准外，就不能有特殊的个性。此外，它必须是大规模的生产，要求有大规模的葡萄基地、大规模的葡萄酒厂、大规模的葡萄酒营销体系。为了获得更多的消费者，就必须靠产量和销量，因此价格也比较低廉。消费者对佐餐葡萄酒的忠诚度或选择，主要是通过广告引导来实现的，因此需要大规模的广告宣传。在我国葡萄酒产业的发展过程中，佐餐葡萄酒培育了众多的葡萄酒消费者和爱好者，促进了我国葡萄酒消费市场的形成和发展，推动了我国成为世界葡萄酒的生产和消费大国。但是，佐餐葡萄酒的发展，同时也导致我国葡萄酒严重同质化的问题，各产区、各企业产品的质量层次均一，特点、个性不突出，不能满足我国葡萄酒消费多元化和多样性的需求。在此背景下，"小酒庄，大产业"的中国葡萄酒产业发展新模式应运而生，同时在中国葡萄气候区划研究成果的引导下，中国葡萄酒产业向新疆、宁夏、甘肃、陕西和西南高山区等优质产区发展，逐渐形成了各具特色的11大产区，并且推动了这些产区酒庄葡萄酒的发展。

从2013年开始，随着"八项规定"的出台和供给侧结构性改革，中国葡萄酒产业进入深度调整期。其特征是中国葡萄酒市场逐渐成熟，葡萄酒消费趋于个性化和中高端化，规模以上的大企业生产的"既无缺点，亦无优点"、不具风格、没有个性的佐餐葡萄酒产量和消费量不断下滑，规模以下的小酒庄蓬勃发展，它们生产的独具风格的、优质的酒庄葡萄酒越来越受到国内外消费者的追捧，但却未被纳入中国葡萄酒的产量统计中。据中国酒业协会统计，2021年全国纳入到国家统计局统计范畴的规模以上的葡萄酒企业有116家，而获得生产许可证的企业有1005家（2019年数据），规模以上的葡萄酒企业仅占全部企业数的11.52%，说明全国未纳入到国家统计局统计范畴的规模以下的葡萄酒企业才是酒庄葡萄酒生产和销售的主力军。

为配合葡萄酒产业的深度调整和转型升级，保障葡萄酒行业的健康发展，国家有关部门参照欧盟等国际葡萄酒法规，制定完善了一系列标准和法规。欧盟"质量法规"以"产地"制度为基础，包括若干政策工具，如葡萄酒产区的地理划分、葡萄种植和生产规则以及标签规则等。法规监管体系的逐步完善，帮助中国葡萄酒行业进入了从生产到市场全面标准化的新阶段。

二、中国现行葡萄酒标准体系

目前,中国已经建立了一个基本完善的葡萄酒行业法规体系,它由相关行政部门出台的一系列法律、法规和标准组成。它涵盖了葡萄酒产业从土地到餐桌的各个方面,并调整了生产者、经营者和消费者之间的关系,以确保原料生产、葡萄酒生产过程和产品的安全,以及市场的健康发展。

在介绍葡萄酒标准之前,有必要了解一些关于中国标准的基本情况。根据标准制定部门的级别和标准的适用范围,《中华人民共和国标准化法》规定,中国现行葡萄酒标准体系,包括国家标准(国家强制性GB和国家推荐性GB/T)、地方标准(DB)、企业标准(Q/)、部局或行业标准以及相关规范性文件,地方标准、企业标准、部局或行业标准均为推荐性标准。此外,推荐性国家标准、行业标准、地方标准、协会标准、企业标准的技术要求必须比强制性国家标准的相关技术要求严格。不符合强制标准的产品和服务,不得制造、销售、进口和提供。如个人或组织违反本规定,将依法承担相应责任。此外,《中华人民共和国标准化法实施条例》明确规定,行业标准在相关的国家标准生效后自动废止,地方标准在相关的国家标准或行业标准实施后立即废止;出口产品和服务的技术要求应按进出口双方签订的合同中的约定执行。

中国的葡萄酒标准体系是以《中华人民共和国食品安全法》为核心,由一系列标准和相关规范性文件组成。下面只讨论与葡萄酒相关的现行国家标准和行业标准,并根据这些标准的内容进行分类。

(一)与葡萄酒相关的国家标准

中国现行的葡萄酒国家标准根据内容可分为产品标准(表1-13)、卫生标准(表1-14)、质量与卫生指标检验方法标准(表1-15、表1-16)、计量与标签标准(表1-17)、企业建设及生产相关标准(表1-18)以及葡萄酒相关产品和设备标准(表1-19)。

表1-13 中国葡萄酒国家产品标准

标准号	标准名	发布单位
GB/T 15037—2006	葡萄酒	国家质量监督检验检疫总局 国家标准化管理委员会
GB/T 11856—2008	白兰地	国家质量监督检验检疫总局 国家标准化管理委员会
GB/T 27586—2011	山葡萄酒	国家质量监督检验检疫总局 国家标准化管理委员会
GB/T 25504—2010	冰葡萄酒	国家质量监督检验检疫总局 国家标准化管理委员会
GB/T 18966—2008	地理标志产品烟台葡萄酒	国家质量监督检验检疫总局 国家标准化管理委员会
GB/T 20820—2007	地理标志产品通化山葡萄酒	国家质量监督检验检疫总局 国家标准化管理委员会
GB/T 19504—2008	地理标志产品贺兰山东麓葡萄酒	国家质量监督检验检疫总局 国家标准化管理委员会
GB/T 19049—2008	地理标志产品昌黎葡萄酒	国家质量监督检验检疫总局 国家标准化管理委员会
GB/T 19265—2008	地理标志产品沙城葡萄酒	国家质量监督检验检疫总局 国家标准化管理委员会

表1-14 中国葡萄酒国家卫生标准

标准号	标准名	发布单位
GB 2758—2012	食品安全国家标准发酵酒及其配制酒	卫生部
GB 2757—2012	食品安全国家标准蒸馏酒及其配制酒	卫生部
GB 2760—2014	食品安全国家标准食品添加剂使用标准	国家卫生和计划生育委员会
GB 2761—2017	食品安全国家标准食品中真菌毒素限量	国家卫生和计划生育委员会 国家食品药品监督管理总局
GB 2762—2017	食品安全国家标准食品中污染物限量	国家卫生和计划生育委员会 国家食品药品监督管理总局
GB 2763—2021	食品安全国家标准食品中农药最大残留限量	国家卫生健康委员会 农业农村部 国家市场监督管理总局

表1-15 中国葡萄酒感官和理化指标分析方法国家标准

标准号	标准名	发布单位
GB/T 15038—2006	葡萄酒、果酒通用分析方法	国家质量监督检验检疫总局 国家标准化管理委员会

续表

标准号	标准名	发布单位
GB 5009.225—2016	食品安全国家标准酒中乙醇浓度的测定	国家卫生和计划生育委员会
GB 5009.266—2016	食品安全国家标准食品中甲醇的测定	国家卫生和计划生育委员会 国家食品药品监督管理总局
GB 5009.28—2016	食品安全国家标准食品中苯甲酸、山梨酸和糖精钠的测定	国家卫生和计划生育委员会 国家食品药品监督管理总局
GB 5009.13—2017	食品安全国家标准食品中铜的测定	国家卫生和计划生育委员会 国家食品药品监督管理总局

表1-16　中国葡萄酒卫生指标检测方法国家标准

标准号	标准名	发布单位
GB 5009.96—2016	食品安全国家标准食品中赭曲霉毒素A的测定	国家卫生和计划生育委员会 国家食品药品监督管理总局
GB 5009.12—2017	食品安全国家标准食品中铅的测定	国家卫生和计划生育委员会 国家食品药品监督管理总局
GB 4789.1—2016	食品安全国家标准食品微生物学检验总则	国家卫生和计划生育委员会 国家食品药品监督管理总局
GB/T 4789.25—2003	食品卫生微生物学检验酒类检验	卫生部 国家标准化管理委员会
GB/T 5009.49—2008	发酵酒及其配制酒卫生标准的分析方法	卫生部 国家标准化管理委员会
GB 23200.14—2016*	食品安全国家标准果蔬汁和果酒中512种农药及相关化学品残留量的测定液相色谱—质谱法	农业部 国家食品药品监督管理总局 国家卫生和计划生育委员会
GB 23200.7—2016*	食品安全国家标准蜂蜜、果汁和果酒中497种农药及相关化学品残留量的测定气相色谱—质谱法	国家卫生和计划生育委员会 国家食品药品监督管理总局 农业部

*对葡萄酒产品标准中未列入但需要检测的理化、卫生指标，可参照《食品安全国家标准》汇编的方法进行分析。本表不是相关标准的详尽列表。

表1-17　中国葡萄酒计量与标签相关国家标准

标准号	标准名	发布单位
JJF 1070—2005	定量包装商品净含量计量检验规则	国家质量监督检验检疫总局
GB 7718—2011	食品安全国家标准预包装食品标签通则	卫生部
GB/T 191—2008	包装储运图示标志	国家质量监督检验检疫总局 国家标准化管理委员会

表1-18 中国葡萄酒企业相关的国家标准

标准号	标准名	发布单位
GB 12696—2016	食品安全国家标准发酵酒及其配制酒生产卫生规范	国家卫生和计划生育委员会 国家食品药品监督管理总局
GB 14881—2013	食品安全国家标准食品生产通用卫生规范	卫生部
GB/T 23543—2009	葡萄酒企业良好生产规范	国家质量监督检验检疫总局 国家标准化管理委员会
GB 50694—2011	酒厂设计防火规范	住房和城乡建设部 国家质量监督检验检疫总局
GB/T 36759—2018	葡萄酒生产追溯实施指南	国家市场监督管理总局 国家标准化管理委员会
GB/T 31280—2014	品牌价值评价酒、饮料和精制茶制造业	国家质量监督检验检疫总局 国家标准化管理委员会

表1-19 中国葡萄酒相关产品及设备的国家标准

标准号	标准名	发布单位
GB/T 23778—2009	酒类及其他食品包装用软木塞	国家质量监督检验检疫总局 国家标准化管理委员会
GB/T 23777—2009	葡萄酒储藏柜	国家质量监督检验检疫总局 国家标准化管理委员会
GB/T 25393—2010	葡萄栽培和葡萄酒酿制设备葡萄收获机试验方法	国家标准化管理委员会 国家质量监督检验检疫总局
GB/T 25394—2010	葡萄栽培和葡萄酒酿制设备果浆泵试验方法	国家标准化管理委员会 国家质量监督检验检疫总局
GB/T 25395—2010	葡萄栽培和葡萄酒酿制设备葡萄压榨机试验方法	国家质量监督检验检疫总局 国家标准化管理委员会

（二）行业标准

目前，与葡萄酒相关的国家标准还在不断完善中。对没有国家标准但需要在行业内统一的技术要求，国务院有关行政部门制定了行业标准，对其进行规范。

因此，在一些与葡萄酒相关的部门，如农业、物流、轻工业、认证认可服务、安全生产、环保机构、包装、内贸、出入境检验检疫等，针对葡萄酒行业制定了一些具体的行业标准（表1-20）。

表1-20 葡萄酒相关领域的行业标准

行业	标准	发布单位
进出口行业标准（SN）*	SN/T 4675.31—2019出口葡萄酒中丙三醇碳稳定同位素比值的测定 液相色谱—稳定同位素比值质谱法	海关总署
商业行业标准（SB）	SB/T 10391—2005酒类商品批发经营管理规范 SB/T 10392—2005酒类商品零售经营管理规范 SB/T 10710—2012酒类产品流通术语 SB/T 10711—2012葡萄酒原酒流通技术规范 SB/T 10712—2012葡萄酒运输、贮存技术规范 SB/T 11122—2015进口葡萄酒相关术语翻译规范 SB/T 11196—2017进口葡萄酒经营服务规范 SB/T 11123—2015连锁企业酒类商品分销管理规范 SB/T 11000—2013酒类行业流通服务规范	商务部
农业行业标准（NY）	NY/T 274—2014绿色食品 葡萄酒 NY/T 2682—2015酿酒葡萄生产技术规程 NY/T 3103—2017加工用葡萄	农业部
环保行业标准（HJ）	HJ 452—2008清洁生产标准 葡萄酒制造业 HJ 1028—2019排污许可证申请与核发技术规范 酒、饮料制造工业 HJ 1085—2020排污单位自行监测技术指南 酒、饮料制造	环境保护部
轻工行业标准（QB）	QB/T 4852—2015起泡葡萄酒中二氧化碳的稳定碳同位素比值（13C/12C）测定方法 QB/T 4851—2015葡萄酒中无机元素的测定方法 电感耦合等离子体质谱法和电感耦合等离子体原子发射光谱法 QB/T 4849—2015葡萄酒中挥发性醇类的测定方法 静态顶空—气相色谱法 QB/T 4850—2015葡萄酒中挥发性酯类的测定方法 静态顶空—气相色谱法 QB/T 5299—2018葡萄酒中甘油稳定碳同位素比值（13C/12C）测定方法 液相色谱联用稳定同位素比值质谱法	工业和信息化部
认证认可标准	RB/T 167—2018有机葡萄酒加工技术规范	国家认证认可监督管理委员会
安全生产标准	WS 710—2012酒类生产企业防尘防毒技术要求	国家安全生产监督管理总局
其他国内标准	WB/T 1053—2015酒类商品物流信息追溯管理要求 BB/T 0018—2021包装容器 葡萄酒瓶	国家发展和改革委员会 工业和信息化部

*不是相关标准的详尽列表

（三）葡萄酒生产管理和市场监管条例

除了修订和完善现有标准外，有关管理部门还制定和补充了一系列葡萄酒行业管理条例。这些干预措施包括葡萄酒质量控制和认证、生产管理和技术规范、流通和市场监管以及其他一些方面，目的是加强对葡萄酒生产和销售行为的监管。表1-21列出了国家不同部门对葡萄酒生产管理和市场监管的一些规定。

表1-21　葡萄酒生产管理和市场监管的若干规定

规章	部门	生效日期
《食品生产许可管理办法》	市场监督管理总局	2020-01-03
《葡萄酒及果酒生产许可证审查细则》	原质检总局	2005-09-13
《葡萄酒生产管理办法（试行）》	原国家轻工局	2000-12-19
《中国葡萄酒酿造技术规范》	原经济贸易委员会	2003-01-01
《葡萄酒消费税管理办法（试行）》	国家税务总局	2005-07-01（2015年修订）
《关于葡萄酒反倾销立案的公告》	商务部	2013-07-01
《对原产于澳大利亚的进口相关葡萄酒发起反补贴立案调查》	商务部	2020-08-31

（四）中国葡萄酒地理标志的发展

中国加入世界贸易组织后，大量进口葡萄酒进入中国市场，国产葡萄酒面临巨大的竞争压力。为应对这一困境，在扩大国产葡萄酒生产、提高国产葡萄酒品质的同时，"个性化"和"品牌化"成为国产葡萄酒发展的新目标。人们逐渐认识到建立中国酒地理标志保护体系，是实现这一目标的重要手段。根据国际葡萄与葡萄酒组织的定义，葡萄酒的地理标志是用来识别由葡萄制成的葡萄酒或烈酒的地理名称，该葡萄酒或烈酒必须具有其所在的地理环境的品质或特征，包括自然和文化因素。葡萄酒地理标志保护体系的实施，有利于促进特色葡萄酒产业集群的形成，维护葡萄酒产区和酒庄的合法权益，增强葡萄酒品牌的竞争力，形成独特的葡萄酒文化。

1999年8月17日，原国家质量技术监督局发布《原产地产品保护条例》，至2005年7月15日，由《地理标志产品保护条例》取代。截至2018年底，中国共有13个葡萄酒产品获得中国地理标志产品保护（表1-22）。地理标志产品保护制度的实施,标志着中国葡萄酒产业进入高质量发展阶段。如"烟台葡萄酒"是国内第一批实施地理标志产品保护的酒类产品。这一政策使"烟台葡萄酒"的产量、销量、利润都得到了突飞猛进的提高。2018年,烟台大型葡萄酒企业总产量2.53万升,主营业务收入156.71亿元,利润20.36亿元。贺兰山东麓葡萄酒产区的葡萄酒产业起步较晚,2003年被批准为国家地理标志产品保护区。截至2021年底,该产区酿酒葡萄种植面积达到3.7万公顷,是中国最大的酿酒葡萄连片种植区。此外,该地区的一些精英酒厂由于其葡萄酒的高质量而获得了国际声誉。2020年,中国和欧盟签署《中欧地理标志协定》,该协定自2021年3月1日起正式生效。在前两批双方互认的中国275个地理标志产品清单中包括烟台葡萄酒、沙城葡萄酒、贺兰山东麓葡萄酒、桓仁冰酒和戎子酒庄葡萄酒5种葡萄酒产品。显然,地理标志产品保护制度的实施,一方面提高了原产地区葡萄酒的质量,促进了葡萄酒品牌集群的形成,另一方面也为葡萄酒产区带来了更多的经济价值。

表1-22 中国实施地理标志保护的葡萄酒

地理标志保护产品	国家质检总局文号	实施时间
昌黎葡萄酒	(2002)73 (2005)105(扩大范围)	2002-08-06 2005-10-17
烟台葡萄酒	(2002)83	2002-08-28
沙城葡萄酒	(2002)125	2002-12-09
贺兰山东麓葡萄酒	(2003)32 (2011)14(扩大范围)	2003-04-11 2011-01-30
通化山葡萄酒	(2005)186	2005-12-28
桓仁冰酒	(2006)221	2006-12-31
河西走廊葡萄酒	(2012)111	2012-07-31
都安野生山葡萄酒	(2013)167	2012-12-12
戎子酒庄葡萄酒	(2013)175	2013-12-23
盐井葡萄酒	(2014)136	2014-12-11
吐鲁番葡萄酒	(2015)143	2015-12-04
和硕葡萄酒	(2015)143	2015-12-04
鄢西山葡萄酒	(2017)39	2017-03-31

第四节　高质量发展对中国葡萄酒的新要求

近3年受疫情等多重因素的影响，人民的健康意识空前增强，生态食品、有机葡萄酒、天然葡萄酒等在新的大健康环境下蕴藏着新的发展机遇。实体场景、虚拟场景与互联网消费新体验场景并行发展，绿色消费、新体验及大众新需求成为消费新趋势。

一、绿色消费

绿色消费是指消费者对绿色产品的需求、购买和消费活动，是一种具有生态意识的、高层次的理性消费行为。国家发展和改革委员会、中宣部、科技部等十部门于2016年2月出台了《关于促进绿色消费的指导意见》，对绿色产品消费、绿色服务供给、金融扶持等工作进行了部署。绿色消费是以节约资源和保护环境为特征的消费行为，主要表现为崇尚勤俭节约，减少损失浪费，选择高效、环保的产品和服务，降低消费过程中的资源消耗和污染排放，支持和优化材料的利用，减少对环境的污染。绿色制造通过平衡当前的经济危机，有效利用资源，从而创造就业机会。绿色营销旨在营销可持续的、负责任的、无毒的、环境友好的产品。与此同时，对环境的关注使消费者增加了对有机食品、碳中性的生态食品或友好型产品等的需求。

葡萄酒之所以与众不同，是因为它本质上是一种天然产品，这种天然性对葡萄酒来说非常重要。任何对生产过程（包括葡萄栽培和葡萄酒酿造）的不必要干预都会降低葡萄酒的天然性。然而，由于现代葡萄栽培和酿酒技术的发展，许多种植者和酿酒师过度依赖现代技术，例如对杀菌剂、化肥、商业酵母、亚硫酸、橡木桶等的使用。在最坏的情况下，葡萄酒变得越来越工业化和缺乏个性。目前，随着可持续发展理念越来越深入人心，与葡萄酒产业相关的"绿色"问题，如可持续性和碳足迹，备受消费者和生产者关注，由此衍生出包括有机葡萄酒、生物动力葡萄酒、自然葡萄酒和纯净葡萄酒在内的新产品，以满足

"绿色"消费者的需求。一般来说，有机葡萄酒和生物动力葡萄酒工作的重点主要是生产健康无害的葡萄。纯净葡萄酒的重点是在酿酒过程中降低葡萄酒的亚硫酸盐和组胺含量。只有自然葡萄酒专注于通过葡萄栽培和酿造过程来提升葡萄酒的内在自然性和可持续性。

自然葡萄酒的葡萄种植、采收和加工各方面应该是最自然的连续统一体。这一过程必须通过利用自然调节机制和资源取代任何不利于环境的手段，以满足生产独具风格的优质葡萄酒、尊重人和环境、保证葡萄酒长期的经济效益等三方面的要求，保证葡萄酒产业的可持续发展。

二、新体验

（一）葡萄酒品位

葡萄酒含有人体所需的多种有机和无机的营养物质，在适量饮用的条件下，具有预防心血管病，增强人体健康的功能，被微生物学家巴斯德认为是最健康、最卫生的饮料。其特有的色泽、香味、饮酒器具及品酒环境，使饮用葡萄酒超出了葡萄酒本身的理化功能，带给消费者更多的情趣、艺术、文化、品位等感性效应，这些感性效应会诱导消费者乐于接受和消费葡萄酒，并成为葡萄酒市场营销可以利用的一个新的尝试。目前，中国已跻身世界葡萄酒消费大国行列，同法国、意大利、德国、澳大利亚和美国一起成为全球消费葡萄酒最多的国家之一。不过，相较于西方国家对葡萄酒的饮用传统，葡萄酒在当代中国的消费源自一种浪漫主义的、时尚的想象性消费。这一想象性消费塑造了葡萄酒在中国现代化进程中一种特殊的品位，而在这一品位形成过程中折射出的是中国政治、经济与社会意义的发展与变迁。

葡萄酒品尝过程中的美感活动是一个逐渐深化的过程。葡萄酒的感官特性，无论是质量优良还是有缺陷，都与其化学成分密切相关。一方面，葡萄酒中含有一些固定的酸、糖、盐、酚类等非挥发性物质，这些物质都具有相应的味感。不同的味感又相互补充、相互促进，或相互抑制、相互抵消。可以认为，葡萄酒的口感是所有这些味感的集合。此外，这些味感还形成了葡萄酒的厚度、形状，从而构成和谐度各异的结构和立体感。葡萄酒中的主要呈味物质构成了葡萄酒的骨架。另一方面，葡萄酒还含有一些具有气味的物质，包括醇、挥发酸、醛、碳氢化合物、硫化物等。它们各自具有相应的浓郁度和传导适度各异的气味。这些气味，又相互促进或相互掩盖，相互融合或相互分离，甚至通过相互作用形成新的气味。这些物质的种类非常多，有的在葡萄酒中的含量很少，因此很难分析鉴定，除少数几种外，还不清楚它们与葡萄酒芳香特性的确切关系。因此，葡萄酒品尝是在品尝过程中对主观、客观存在的美感进行追溯，从而提升葡萄酒品尝者对葡萄酒的欣赏水准，倡导葡萄酒消费审美文化，引领葡萄酒时尚品位。在过去20年中，中国的葡萄酒消费者越来越多地参与到对葡萄酒感官体验的学习过程中，人们把对葡萄酒的饮用与全球化、代表葡萄酒风味特征的特定词语，包括平衡性、复杂度、饱和度与各种花香果香联系在一起。这一经由学习培养出来的现代品位，正在与我国传统的、已内化进人们日常生活的品位特征融合在一起，形成今天全球化背景下一种中国式的品位。

葡萄酒成分复杂，既有来自葡萄的，又有来自发酵和陈酿过程的。在葡萄酒中，有水、乙醇、有机酸、酚类物质、芳香物质以及氨基酸、维生素和矿质元素等。这些成分不仅塑造了葡萄酒的独特风味，还为其增添了一定的营养价值。酚类物质不但影响葡萄酒的色泽和口感，并且具有强大的生理活性功能。根据结构可以将红葡萄酒中的酚类物质分为类黄酮和非类黄酮两大类（表1-23）。

表1-23 红葡萄酒中主要的营养物质（王华等，2022）

酚类物质	分类		来源	含量范围/（毫克/升）
类黄酮(Flavonoids)	花色苷类	花青素、甲基花青素、花葵素、花翠素、甲基花翠素和二甲花翠素	红葡萄品种的果皮	90.0~400.0
	黄烷醇类	黄烷-3-醇：儿茶素、表儿茶素、表儿茶素没食酸酯、没食子儿茶素、表没食子儿茶素 原花色素：原花青素（Procyanidins）、原花葵素、原翠雀素	葡萄的果梗、果籽和果皮	50.0~120.0 240.0~960.0
	黄酮醇类	槲皮素（Quercetin）、山奈酚（KaempferoL）、杨梅素（Myricetin）等	葡萄果皮	12.7~130.0

续表

酚类物质	分类		来源	含量范围/（毫克/升）
非类黄酮 (Nonflavonoids)	酚酸	羟基肉桂酸:咖啡酸（Caffeic acid）、阿魏酸（Ferulic acid）和香豆酸（Coumalic acid） 羟基苯甲酸:没食子酸（Gallic acid）、丁香酸（Syringic acid）、香草酸（Vanillic acid）	葡萄果肉	60.0~334.0 0~218.0
	芪类化合物	主要是白藜芦醇,包括顺式白藜芦醇、反式白藜芦醇以及这两种形式的糖苷	葡萄果皮	0.1~7.0

（二）葡萄酒风土与故事

葡萄酒是瓶子里的故事。酒瓶上的标签提供了引导这些故事的关键元素：葡萄酒的名称、类型、年份、认证标志、标识和视觉元素等。在这方面，标签设计在艺术创意、讲实践故事和吸引消费者方面正在经历一场革命。这场交流革命是与消费者个人进行的体验对话。标签是消费过程中讲故事的物理存在，它们交流的是葡萄酒本身的故事，以及关于葡萄酒产区及其历史的故事。如张裕爱斐堡葡萄酒标签："沿着穿过酒庄的人行道徒步旅行，既可以看到欧洲城堡，还可采摘藤架上饱满的葡萄，感受丰收的快乐，感受到透过植根于黄壤土、褐土、黏土、花岗岩类土壤的葡萄藤感受到的美丽景观。"

葡萄酒故事自法国提出葡萄风土影响葡萄酒质量与风格后，对风土予以高度多样化的解释，越来越成为葡萄酒行业的流行用语和葡萄酒销售的营销脚本。如品尝葡萄酒，不仅是一种象征性的"葡萄酒品尝"实践，还是一种了解社会阶层的表达、环境参与和生活方式等社会文化的"风土品尝"实践。风土条件是葡萄生长环境的总和，是决定葡萄酒质量的先天性条件，包括葡萄酒产区的气候、水资源、地形地貌、土壤、微生物环境、葡萄品种、葡萄种植和酿酒的特点等。

葡萄酒风土嵌入在非正式交流、艺术和媒体账户、村民叙事或消费者事件的故事中。人们通过饮用葡萄酒享受一种"不同的风土"体验且体验风土的场合非常有意义。比如，有人展示了最好的葡萄园之一的美丽照片，并邀请人们更多地了解该地区。同时，酒庄提供性价比高的葡萄酒，使普通消费者可以获得风土体验，让广大公众可以品尝到葡萄酒的味道。另外，还可以购买与活动相关的葡萄酒，并进行现场灌装、设计酒标，进行定制等。

总之，葡萄酒爱好者、游客及粉丝在网上分享饮酒和体验风土的经历，宣传某酒庄风土的特定愿景和故事。同样，所有利益相关者的努力和风土细节都被放入瓶子里，一个信息或一个故事都被讲述和重述。在享受葡萄酒的那一刻，我们确定为风土的这个社会建构对象得到了充分实现，这不仅是因为消费行为本身，还通过不同的社会和文化动机来表达故事，以突出一种认同感。总的来说，葡萄酒的故事在真正品尝、饮用时就实现了它的所有意义。

（三）新场景发展演变

"场景"概念近几年在商业领域大行其道。不同场景，意义大不一样。过去传统的生产模式将消费者与生产隔离了，消费者只看到葡萄酒，却无法看到葡萄酒在哪里生产、如何生产、如何饮用。但在网络时代，"场景"常常表现为互联网上的葡萄园、酒庄建筑、葡萄酒发酵、陈酿过程以及社交、购物等全过程认知点面，并转换成认知或购买支付时需要完成的闭环应用场景，这是新场景形成的思维方式，也是场景革命。

与互联网消费相比，场景化营销也正成为实体商业的新业态。场景体验消费成为酒庄产品市场的一大发展趋势。认真洞察消费者知酒、懂酒的需求，分析消费者生活习惯和消费行为，真实再现消费者的生活场景，勾画消费者的理想生活场景，将产品嵌入场景中，打动消费者，激发消费欲望。葡萄酒新场景一般通过酒庄的建筑风格、实体店的装修风格、氛围打造、品酒室风格、VR技术以及人工智能等手段，从感官、情感、思考和行动四个方面实施体验营销策略，并从场景外界刺激和内心感受两个方面来丰富消费者的购物体验。正是这种体验与感受驱使他们成为葡萄酒的爱好者、葡萄酒文化的追随与传播者、企业的忠实消费者。

消费场景的核心内容是不仅关注消费者的物质、功能性需求，更关注消费者的精神性、情感性需求，这是在消费基础上的再升级。

葡萄酒的消费场景是从消费者需求出发，通过场景要素的组合和运用来与消费者沟通。以独特个性化的调性与氛围来吸引用户，建立起葡萄酒的销售动能。建设好渠道展示、销售配套策略等关键要素的闭环，使产品走在动销的路上。消费场景激活与挖掘人们的用酒需求，是引导消费、促进交易、达成销售的核心环节。娱乐场景具有提升消费者感性认知的附属作用，它的核心目的是提高酒庄的娱乐性，增强酒庄的话题性，形成消费口碑，从而促进酒庄的品牌传播，扩大酒庄的区域影响力。

场景打造是通过产品与用户产生交流互动，让用户感受到品牌的温度、品牌的价值认同和超值的消费体验，从而产生品牌黏性。一定条件下，场景动能就是渠道的销售动能，让消费者产生可购买的理由，产生用户裂变和倍增效应。国产葡萄酒产品和场景需要融入"本土化创新"，以数据进行精准营销，打造场景的差异化。

（四）实体场景类型

1. 酒庄场景

酒庄是区域性的景点，可以激发游客前往参观葡萄酒生产商，品尝葡萄酒和体验葡萄酒的产区属性。葡萄酒旅游让葡萄酒生产者通过参观葡萄园和酒庄、品酒和其他与葡萄酒相关的活动与客人直接接触。游客表示，较小的酒庄提供的体验类型与较大的酒庄提供的体验类型明显不同，但在绝大多数情况下，是一种更愉快和难忘的体验。

酒庄的场景建设必须是基于人的需求，以五官体验为内容，以参与性为互动标准，以连接度为创新方式，充分利用企业酒类资源完成场景的布局与规划，完成从功能到利益再到信任的消费价值链建设。在具体的酒庄运营过程中，我们把酒庄的场景简化为酿造、消费与娱乐三组场景，对应的是酒类产品品质、消费需求与品牌传播三个部分，结合中国酒类消费特征来完成酒庄的场景规划建设。在具体实践过程中可以表现为"酒+文化""酒+品质""酒+民俗""酒+社交""酒+情绪""酒+投资"等。

2. 酒窖类型

酒窖是存放葡萄酒的一个空间总称，酒窖可分为酿酒酒窖和储酒酒窖。而现在的酒窖除了酿酒功能以外，还兼具一些旅游、参观功能。主要包括：①私人酒窖。私人酒窖不仅是一个私人的储酒空间，也是主人待人接物、休闲娱乐的私密场所，更彰显其主人的一种生活态度。②会所酒窖。会所酒窖作为高级会员与贵宾活动的主要场所，不仅具有存储相对昂贵的葡萄酒的功能，还兼有实用性和观赏性的空间效果。③酒吧酒窖。酒吧酒窖的设计一般面积比较大，兼顾专卖店和酒吧的功能，且在装修上尽可能地将欣赏性与舒适性融为一体。在经营方面也是比较广泛的，除了酒以外还有一些食物。④大型商场或超市里的开敞式酒窖专卖店。在大型商场和超市大环境中创造葡萄酒客户源，形成共享无形酒窖的氛围。⑤大型酒店中的酒窖。这类酒窖的面积相对比较小，通常只有10~15平方米，装修风格比较简单，通常与酒店的整体风格一致，酒窖以展示为主，通常将较为昂贵的酒陈列在电子酒柜里。⑥独立的专卖店酒窖。在经营面积上从几十平方米到几百平方米不等，装修风格多样，储酒专业，品种丰富，价格实惠，品质保证，对顾客而言这无疑是最大的吸引力。

3. 葡萄酒小镇

葡萄酒小镇是立足市场行情与区位条件，找准与当地葡萄酒产业资源禀赋相符合的生产方式，构建与本地实际相吻合的葡萄酒产业结构和消费方式的旅游目的地。葡萄酒是复杂产品，有不同呈现方式，如产业小镇——闽宁镇红酒街、时尚消费——青岛市红酒坊、旅游小镇——重庆市红酒小镇等，都有一定的代表性。

闽宁镇红酒街于2018年8月开工建设，2019年4月建设完成，是一个集展示贺兰山东麓葡萄酒产区文化、教育、旅游及销售于一体的集散地。建立了贺兰山东麓葡萄酒教育学院、电商街、高校葡萄试验站等，发展葡萄酒及其关联产业，并成为贺兰山东麓国际葡萄酒博览会的永久会址。2021年，国家葡萄及葡萄酒产业开放发展综合试验区在闽宁镇挂牌。

青岛市北区政府于2008年10月开工建设红酒坊，目标是建成当地档次最高的时尚葡萄酒消费区，打造一条达到国际水准的红酒大道。青岛市红酒坊已成为国内首条集中展现葡萄酒文化的商业街区，是青岛最大的葡萄酒交易集散地，并被中国酿酒工业协会授予中国国际葡萄酒街的荣誉称号。

重庆市红酒小镇，位于重庆市涪陵区蔺市镇梨香溪与长江交汇处，小镇极具童话色彩。小镇的中间是一座长约400米的廊桥，桥的一半是中式建筑，一半是西式建筑。小镇周边的土地大面积种植葡萄，小镇也因此得名。红酒小镇景区不收门票，且设置大量免费服务项目，如免费停车、免费舞台、免费景点等，是重庆及周边地区平价旅游的代表之一，多次位居各网络热搜榜前列。吃住方面，红酒小镇同样物美价廉、花样繁多。2020年，景区开始智慧景区建设与提档升级，经过软硬件不断升级，该景区先后入选第三批重庆市智慧旅游乡村示范点、第二届重庆乡村振兴十大示范案例等。2022年春节黄金周创下近30万人次的游客接待总量纪录。即便是普通的双休日，红酒小镇游客也能保持数万人次以上的规模。

（五）虚拟场景

酒庄是真实的实体，为了增强游客体验的氛围，需要使酒庄做一个重要的建筑风格、装饰风格、葡萄园文化、酿酒工艺的可视转变，也就是从概念化的体验转向从酒庄所有工序、车间、场景，到互动共同创造的体验。在参观酒庄时，游客通过酒庄向导员，不仅可以了解葡萄酒本身的故事，还可以了解当地的气候、土壤、葡萄园艺师、酿酒师等。在参观酒庄期间，游客有机会与酒庄的员工、其他消费者在酒庄氛围下互动，创造一种全面的消费体验，这在很大程度上可以超越单纯的品酒活动。客户体验一直是一个关键的概念，它带来了一个致力于理解客户体验的经济流。这一概念表明，体验是一种经济提供形式，它创造了一种难以被模仿和取代的竞争优势。创造非凡的客户体验是一种创造价值的策略，为公司提供可持续的竞争优势，并培养客户满意度、忠诚度和积极的口碑。

三、大众新需求

葡萄酒是一种有趣而独特的产品。关于饮用葡萄酒的益处和弊病之争一直没有停止过。毫无疑问，过度饮酒是有害的，并与一系列负面的社会问题和健康问题有关。但是最新的《中国居民膳食指南（2022）》对饮酒的建议进行了更新，将曾经的日饮用酒的酒精量成年男性不超过25克、成年女性不超过15克，修改为限制酒精摄入。酒是自然和文化的产物，饮酒是一个结合了生理学、心理学和社会学的综合事件。在不可避免需要饮酒的情况下，消费者更关注的是如何能最大限度地降低饮酒带来的健康风险。因此，相较于其他常见酒种，红葡萄酒或许是最佳选择。经常饮用烈酒、啤酒或苹果酒的人比饮用等量葡萄酒的人有更高的死亡风险，这可能与葡萄酒中的酚类物质有关。另外，与不吃东西喝酒相比，佐餐饮酒的死亡率和患心血管疾病的风险更低，因为随餐饮用可能会使肠道对酒精的吸收下降，进而降低血液中的酒精含量。此外，将酗酒（1~2天/周）或频繁饮酒（6~7天/周）改为3~4天/周适量饮酒，会降低全因死亡率、患心血管疾病和肝硬化风险。除了饮酒模式，还要注意降低饮酒量及避免产生酒瘾。这样的认知，结合个人的健康意识水平，可能会导致葡萄酒购买行为和葡萄酒消费的改变。总之，在人们健康意识日益增强的今天，在几乎没有健康问题的消费者中"健康饮酒，饮健康酒"已成为共识，葡萄酒消费也将会成为大众的新需求。

第五节　乡村振兴对中国葡萄酒产业的新要求

乡村振兴首先在产业，如果产业不能振兴，乡村振兴就会成为空中楼阁。在葡萄适生区，葡萄酒产业是第一、第二、第三产业相融的复合型产业，具有"三产"产业结构、"三农"问题结构和生态系统服务功能，是乡村振兴优选产业之一，符合乡村振兴的新要求。

一、构建"三产"产业结构

乡村振兴战略是中国经济社会发展方式的一次大转变。葡萄酒产业被认为是用"三产"推动乡村振兴的重要抓手,以第二产业集聚区为引擎,不断加强和完善产业集聚平台建设,上承第一产业,着力发展"优质、稳产、长寿、美观"的高端酿酒葡萄产业和智慧农业,下拉第三产业,形成合理化、均衡化的内部结构,推进葡萄与葡萄酒产业高质量发展。

第一产业对葡萄酒产业而言,就是葡萄种植业。中国幅员辽阔、气候和土壤类型复杂多样,能够满足葡萄品种多样性种植的需要。考古发现、文献记载均表明,中国在葡萄种植、产品加工等领域具有悠久的历史,形成了独具特色的文化底蕴。而现代葡萄产业的发展始于新中国成立。经过40余年的发展,第一产业葡萄生产正由追求数量向提高质量转变,酿酒葡萄由东部产区向西部优势产区发展,酿酒葡萄种植的集约化、规模化、机械化和生态化水平不断提高,并且形成了11大各具特色的葡萄酒产区。2021年,中国葡萄种植面积78.3平方千米,占全球葡萄种植面积的10.7%,位列世界第三,且第一产业发展有良好的基础。

第二产业对葡萄酒产业而言,就是葡萄酒生产。与第一产业一样,改革开放以来,中国葡萄酒生产得到了快速发展,从无序到标准化,再到与国际接轨;从佐餐葡萄酒到酒庄葡萄酒,技术装备水平不断提升,产品质量和竞争力不断提高。2021年,全国规模以上的葡萄酒企业116家,与法国、意大利等比较,葡萄酒企业数量较少,但具有生产、观光、旅游等功能的葡萄酒庄发展很快,特别是在宁夏、山东、新疆、河北、陕西等酿酒葡萄适宜区域,小酒庄遍地开花,形成了酒庄集群,为中国葡萄酒第二产业的快速发展奠定了基础。

葡萄酒产业联动性强,推动旅游、会展、商贸物流等第三产业即服务业的发展,形成以旅游产业为引领、以健康产业为支撑,以葡萄酒文化小镇、葡萄酒产业城、酒窖、自驾营地、数字文化博物馆、电子商务、会议会展、金融服务、葡萄酒产业创新服务综合体为主体的现代服务业产业集群。

推动葡萄酒会展经济。会展就是市场的晴雨表和风向标，会展对葡萄酒生产企业或品牌商建立健全自身的营销体系，对销售产品、购买原料及设备等具有事半功倍的良好作用，也是客户选择好产品，结识优质生产企业或上游商家的良机。

依托现有物流基础设施和仓储配送资源，统筹推进城市高效配送体系和寄递物流体系发展。鼓励商贸流通、电商、物流快递、运输企业渠道和服务下沉，完善葡萄酒寄递物流体系建设，建立畅通高效、协同共享、标准规范、智能绿色、融合开放的葡萄酒现代商贸物流体系。

二、"三农"问题

"三农"问题就是农民、农业、农村问题，是现代农业发展的关键问题。

自古农业兴，则天下兴。我国农业所占国民经济比重仍然较大，农业问题仍是未来一段时间内，党和政府重点关注和亟待解决的问题。我国农村产业兴旺发展正成为乡村振兴的永恒话题，党和国家正在加紧持续不断推进，释放出产业兴旺的新政策。酿酒葡萄适应性强，对土壤的要求不严，只要有灌溉能力的即可，特别适合我国干旱和半干旱地区栽培，并由此形成一、二、三产业高度融合的葡萄酒产业，对当地突破农业提质增效瓶颈，实现农民收入，改善生态环境，加快乡村振兴都具有非常重要的作用。

葡萄酒产业的载体——葡萄酒庄，是葡萄酒产区农村与旅游设施的重要组成部分，是具有自然、社会、经济特征的乡村地域综合体。葡萄酒产业从土地到餐桌的过程中必然涉及农业原料、加工、服务业等一、二、三产业融合，且兼具生产、生活、生态、文化等多重功能，产业链长，多业联动性强。通过发展葡萄酒产业，一是有助于把国家相关的农业、农村和农民政策落实到真正需要落实的农村地区。二是产业的发展将带动农业产业发展、农民增收、农村经济改善，促进传统农业向现代农业转变，利用葡萄酒文化的特色和底蕴，建立花园式酒庄和庄园，促进特色农业、精品农业、生态农业和有机农业的快速发展。三是提供大量工作岗位，葡萄基地可以解决农村部分剩余劳动力，葡萄酒服务业也提供更多的就业机会,为农民自主创业带来机遇,政府鼓励农民承包园区的部分种植。将这些有经济实力和技术能力的农民,纳入酒庄产业工人行列。对于有一定经济基础的农民,鼓励其投资经营农家乐和民宿,从而改变以往的生产生活方式,有效地促进项目区农民收入增加,生活水平改善,缩小城乡差别,保障社会稳定。四是葡萄基地对空气起到了重要的过滤作用,各种树木在吸收二氧化碳、制造氧气的同时降低了噪声污染,调节了区域气温。也就是说,葡萄酒产业与农村土地、产业联动、就业、环境相关,而这一切都是农村振兴的关键。

种植酿酒葡萄,让果农不吃亏、有钱挣,这是促进葡萄酒产业可持续发展的关键。为解决酿酒葡萄销售通路问题,中国很多地方创造了"酒庄+农户"模式,既满足了企业生产需要,又解决了果农的销售难题。可以说,中国"小葡萄"牵动了致富增收的"大民生"。如贺兰山东麓作为宁夏主要的移民安置区域,生活着123万移民群众。现在宁夏葡萄酒产业已经与老百姓的"钱袋子"紧密相连,每年为当地群众提供就业岗位13万个、工资性收入约10亿元,移民收入中的三分之一来自葡萄酒产业,广大群众通过葡萄酒产业增加了收入、改善了生活,"小葡萄"托起了群众的小康路。又如山西省戎子酒庄一开始就以"酒庄+合作社+农民"的方式,与农民签订了订单式收购合同,既保护了农民利益,也保证了农民按酒庄要求种植葡萄。2022年,戎子酒庄已实现农业年增加值2000万元,农民收入亩均增加7000元,直接安排农村富余劳动力120余人,整体为社会增加1300个就业岗位,3700余户农民从中受益。

总之,发展葡萄酒产业,让农民既能通过种植葡萄、流转土地增收,还能在家门口的葡萄园务工创收,从中获益,形成了农户与企业的利益联结、联农带农机制,葡萄酒产业在巩固拓展脱贫攻坚成果、促进乡村全面振兴中发挥了重要作用。产业兴旺不仅将对农业经济增长、新农村建设和农民增收致富发挥重要作用,还加速了一、二、三产业融合发展,推进农业农村现代化,承载"让农业成为有奔头的产业,让农民成为有吸引力的职业,让农村成为安居乐业的美丽家园"的无限希望和梦想。

三、酿酒葡萄的生态系统服务功能

在当前全球气候变化的背景下，酿酒葡萄园生态系统的碳汇功能和二氧化碳减排成为关注的焦点。碳汇是指生态系统吸收、储存二氧化碳的多少，或者说是生态系统有机碳储量的净增量，常用净生态系统碳交换量来表征。净生态系统碳交换量是生态系统释放与吸收二氧化碳的差值，该值为正表明向大气中释放二氧化碳，该值为负则表示吸收二氧化碳，酿酒葡萄园生态系统作为固碳的重要载体，每年固定、储存的碳对减缓温室气体排放和全球变暖具有重要意义。

生态系统服务功能是指生态系统提供的商品和服务，代表着人类直接和间接地从生态系统中得到的益处。碳汇是酿酒葡萄园的生态服务功能之一。除此之外，酿酒葡萄园生态系统服务功能还包括食品生产、节水增效、土壤保持、涵养水源、净化大气、气候调节、生态扶贫、生态旅游、增加生物多样性等。

葡萄酒产业也具有重要的生态价值，究其原因是酿酒葡萄作为经济林，产出果品的同时，还可以视为特色绿色林，有利于生态环境的改善，主要体现在固碳释氧、节水增效和净化大气等方面。例如，2018年宁夏贺兰山东麓产区酿酒葡萄的生态系统服务功能的总价值为78.26亿元，其中食品生产为38.90亿元，占比49.74%；生态旅游为34.20亿元，占比43.66%；生态扶贫为3.77亿元，占比4.81%；固碳释氧、节水增效、土壤保持、净化大气和涵养水源的价值之和为1.39亿元，占比1.79%。红寺堡酿酒葡萄的生态系统服务功能的总价值为8.39亿元，其中食品生产为7.07亿元，占比84.18%；生态扶贫为0.70亿元，占比9.53%；生态旅游为0.27亿元，占比3.25%；固碳释氧、节水增效、土壤保持、净化大气和涵养水源的价值之和为0.25亿元，占比3.04%。以上研究结果表明，宁夏贺兰山东麓及其红寺堡酿酒葡萄具有重要的生态价值，对该区域生态环境的贡献、生态环境的保护具有重要作用。

在中国干旱和半干旱地区，植被的生长和生存受到水资源的严重限制。这就要求在节约水资源的同时，尽量提高水的使用效率。葡萄对水资源的利用效率高于粮食作物和蔬菜作物,耗水量低于其他作物。例如,西北地区几种主栽经济作物耗水量分别为:酿酒葡萄3900吨/公顷,枸杞4200吨/公顷,玉米、小麦和黄花菜均为5400吨/公顷。而且种植酿酒葡萄时可以通过调亏灌溉进一步节约水资源。酿酒葡萄节水增效价值显著,对改善干旱和半干旱地区的生态环境和可持续发展具有重要意义。

第二章 CHAPTER 2

中国葡萄酒市场新格局

第一节　国际葡萄酒市场分析

一、国际葡萄酒生产状况

根据国际葡萄与葡萄酒组织统计,2010—2022年全球葡萄酒总产量及变化趋势如图2-1所示,世界主要葡萄酒生产国(过亿升的)2010—2021年逐年生产量如表2-1所示。其中意大利、法国、西班牙、美国处在全球四大葡萄酒生产国地位,而阿根廷、澳大利亚、中国、智利、南非以10亿~15亿升的年产量居全球葡萄酒生产国第二梯队(表2-1)。

图2-1　2010—2022年全球葡萄酒产量

表2-1　世界主要葡萄酒生产国2010—2021年葡萄酒产量

(单位:亿升)

年份 国家	2010	2011	2012	2013	2014	2015	2016	2017	2018	2019	2020	2021
意大利	48.5	42.8	45.6	54.0	44.2	50.0	50.9	42.5	54.8	47.5	49.1	50.2
法国	44.4	50.1	41.5	42.1	46.5	47.0	45.4	36.4	49.2	42.2	46.7	37.6
西班牙	35.4	33.4	31.1	45.3	39.5	37.7	39.7	32.5	44.9	33.7	40.9	35.0
美国	20.9	20.1	22.7	25.6	24.3	22.8	24.9	24.5	26.1	25.6	22.8	24.1
阿根廷	16.3	15.5	11.8	15.0	15.2	13.4	9.5	11.8	14.5	13.0	10.8	12.5

续表

年份 国家	2010	2011	2012	2013	2014	2015	2016	2017	2018	2019	2020	2021
澳大利亚	11.4	11.2	12.3	12.3	11.9	11.9	13.1	13.3	12.7	12.0	10.9	14.8
中国	13.0	13.4	16.1	13.7	13.5	13.3	13.2	11.6	9.3	7.8	6.6	5.9
智利	8.8	10.5	12.6	12.8	10.5	12.9	10.1	11.8	12.9	11.9	10.3	13.4
南非	9.3	9.7	10.6	11.0	11.5	11.2	10.5	10.8	9.5	9.7	10.4	10.6
德国	6.9	9.1	9.0	8.4	9.2	8.8	8.4	7.5	10.3	8.2	8.4	8.0
葡萄牙	7.1	5.6	6.3	6.2	6.2	7.0	6.0	6.7	6.1	6.5	6.4	7.3
罗马尼亚	3.3	4.1	3.3	5.1	3.7	3.5	4.9	4.3	5.1	3.8	3.8	4.5
新西兰	1.9	2.4	1.9	2.5	3.2	2.3	3.1	2.9	3.0	3.0	3.2	2.7
巴西	2.5	3.5	3.0	2.7	2.8	2.7	1.3	3.6	3.1	2.2	2.3	3.6
匈牙利	1.6	2.5	1.8	2.6	2.4	2.8	2.8	2.9	3.6	2.7	2.9	2.6
希腊	3.0	2.8	3.1	3.3	2.8	2.5	2.5	2.6	2.2	2.4	2.3	2.4
奥地利	1.7	2.8	2.1	2.4	2.0	2.3	2.0	2.5	2.8	2.5	2.4	2.5

二、国际葡萄酒进出口状况

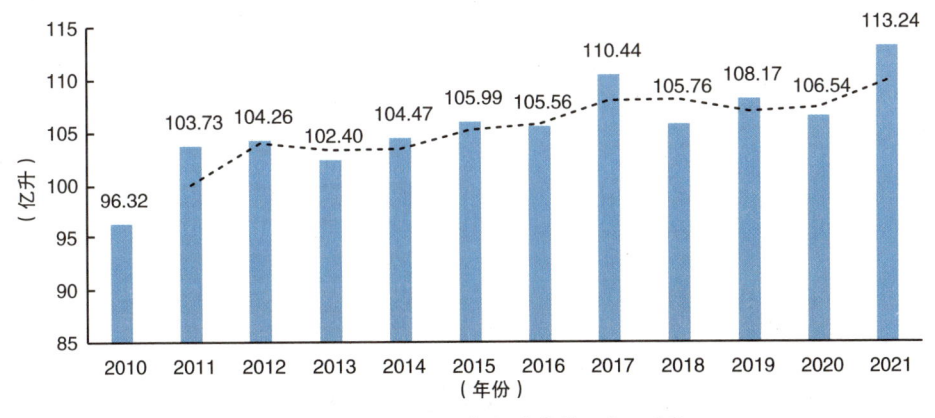

2010—2021年全球葡萄酒出口总量及变化趋势如图2-2所示，其中世界主要葡萄酒出口国（过亿升的）2010—2021年逐年出口量如表2-2所示。2010—2021年全球葡萄酒进口总量及变化趋势如图2-3所示，其中世界主要葡萄酒进口国（过亿升的）2010—2021年逐年进口量如表2-3所示。

图2-2　2010—2021年全球葡萄酒出口总量

表2-2 世界主要葡萄酒出口国2010—2021年葡萄酒出口量

(单位：亿升)

年份 国家	2010	2011	2012	2013	2014	2015	2016	2017	2018	2019	2020	2021
西班牙	17.2	22.0	21.4	18.5	23.1	24.4	22.6	23.3	20.3	21.8	20.7	23.6
意大利	21.5	23.5	21.2	20.3	20.4	20.0	20.6	21.4	19.6	21.3	20.7	22.2
法国	13.9	14.7	15.0	14.5	14.3	14.0	14.5	14.8	14.2	14.3	13.5	14.6
智利	7.31	6.6	7.3	8.8	8.1	8.8	9.1	9.4	8.4	8.7	8.5	8.7
澳大利亚	7.8	7.0	7.2	7.1	7.2	7.4	7.6	8.2	8.5	7.4	7.6	6.3
南非	4.2	4.0	4.5	6.0	4.8	4.8	5.0	5.2	5.3	4.1	3.6	4.8
德国	3.9	4.1	4.0	3.9	3.7	3.9	3.6	3.8	3.7	3.8	3.7	3.7
美国	4.0	4.2	4.0	4.1	4.1	4.2	3.8	3.5	3.5	3.6	3.6	3.3
阿根廷	2.7	3.1	3.7	3.2	2.6	2.7	2.6	2.2	2.8	3.1	3.9	3.3
葡萄牙	2.7	3.1	3.4	3.0	2.8	2.8	2.8	3.0	3.0	3.0	3.2	3.3
新西兰	1.4	1.5	1.8	1.8	1.9	2.1	2.1	2.6	2.6	2.7	2.9	2.8
匈牙利	0.8	0.5	0.5	0.5	0.6	0.7	0.8	1.0	1.3	1.1	1.3	1.1

全球五大葡萄酒出口国分别为西班牙、意大利、法国、智利、澳大利亚。其中西班牙和意大利出口量相近，交替居于全球第一大出口国宝座，法国次之（表2-2）。

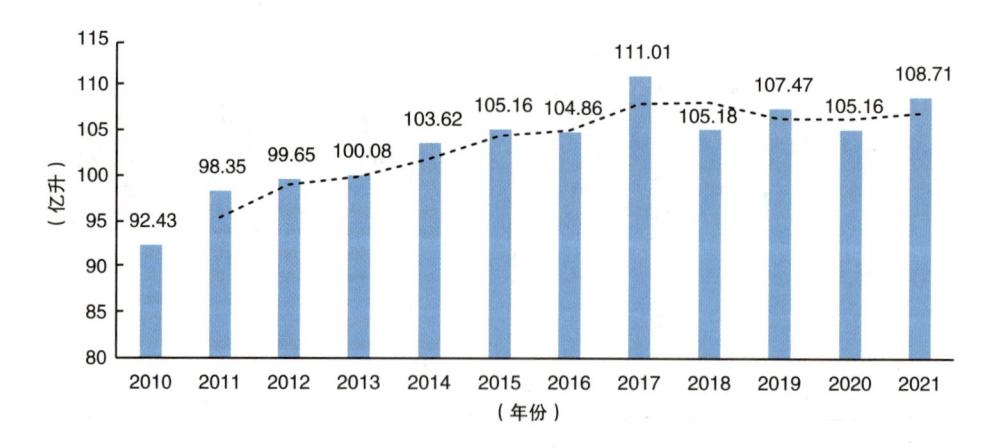

图2-3 2010—2021年全球葡萄酒进口总量

2010—2014年世界五大葡萄酒进口国分别为德国、英国、美国、法国、俄罗斯，2015年以后，中国超越俄罗斯，跃居第五大葡萄酒进口国。德国一直稳居世界第一大进口国位置，英国次之（表2-3）。

表2-3　世界主要葡萄酒进口国2010—2021年葡萄酒进口量

（单位：亿升）

年份 国家	2010	2011	2012	2013	2014	2015	2016	2017	2018	2019	2020	2021
德国	14.8	16.1	15.3	15.3	15.5	15.4	14.9	15.2	14.7	14.8	14.5	14.5
英国	12.9	13.3	13.1	13.0	14.0	14.1	13.9	13.7	14.0	14.0	14.6	13.6
美国	9.3	10.2	11.7	11.0	10.8	11.0	11.1	12.1	11.5	12.3	12.3	13.9
法国	6.5	6.5	5.4	6.0	6.9	7.6	7.8	7.8	7.0	7.2	6.3	5.9
中国	2.9	3.7	3.9	3.8	3.8	5.6	6.4	7.5	6.9	6.1	4.3	4.2
俄罗斯	5.5	5.1	4.9	4.9	4.7	4.0	4.0	4.5	4.1	4.5	3.5	3.7
加拿大	3.5	3.6	3.8	3.7	3.8	4.1	4.2	4.2	4.2	4.2	4.5	4.2
荷兰	3.7	3.3	3.6	3.7	3.8	3.8	4.5	4.4	4.2	4.2	2.7	5.0
比利时	3.0	3.2	3.1	3.2	3.1	3.1	3.1	3.1	3.0	3.1	3.0	3.9
日本	1.9	2.1	2.6	2.6	2.7	2.8	2.7	2.8	2.6	2.8	2.6	2.4
意大利	1.7	2.5	2.8	2.7	2.8	2.9	1.7	2.1	1.9	1.6	1.6	3.0
葡萄牙	1.8	1.6	1.3	1.6	2.3	2.2	1.8	2.2	2.0	2.9	2.7	2.8
瑞士	1.9	1.9	1.90	1.8	1.9	1.9	1.9	1.9	1.8	1.8	1.8	1.9
巴西	0.7	0.7	0.7	0.7	0.8	0.8	0.9	1.3	1.2	1.2	1.5	1.5
澳大利亚	0.7	0.8	0.8	0.8	0.8	0.9	0.9	0.9	1.0	1.0	1.0	1.0

三、国际葡萄酒消费状况

2010—2021年全球葡萄酒消费总量及变化趋势如图2-4所示，其中世界主要葡萄酒消费国2010—2021年逐年消费量如表2-4所示。2011年以来，美国葡萄酒消费总量一直稳居世界首位，法国次之。2010—2019年，美国、法国、意大利、德国、中国稳居世界葡萄酒消费量前五位，2020—2021年，英国超越中国跃居世界第五位（表2-4）。

图2-4 2010—2021年全球葡萄酒消费总量

表2-4 世界主要葡萄酒消费国2010—2021年消费量

(单位：亿升)

年份 国家	2010	2011	2012	2013	2014	2015	2016	2017	2018	2019	2020	2021
美国	27.4	29.1	30.1	30.8	30.6	30.9	31.0	32.7	33.6	34.2	32.9	33.1
法国	29.3	28.3	28.0	27.8	27.5	26.5	28.3	28.6	26.0	24.7	23.2	25.2
意大利	23.5	22.0	21.6	20.8	19.5	21.4	22.4	22.6	22.4	22.6	24.2	24.2
德国	20.2	19.7	20.3	20.4	20.3	20.5	20.2	19.7	20.0	19.8	19.8	19.8
中国	15.2	16.5	18.5	18.7	17.4	18.1	19.2	19.3	17.6	15.0	12.4	10.5
英国	12.9	12.9	12.8	12.7	12.6	12.8	12.9	13.1	12.9	13.3	13.4	13.4
俄罗斯	10.7	12.6	11.6	10.6	9.9	9.7	10.1	10.4	9.9	10.0	10.3	10.5
西班牙	10.9	10.0	9.9	9.8	9.8	9.8	9.9	10.5	11.0	10.3	9.2	10.4
阿根廷	9.8	9.8	10.1	10.4	9.9	10.3	9.4	8.9	8.4	8.5	9.4	8.4
南非	3.5	3.5	3.6	3.7	4.0	4.3	4.4	4.4	4.2	3.9	3.1	4.0
澳大利亚	5.4	5.4	5.4	5.4	5.4	5.4	5.4	5.4	5.3	5.8	6.0	5.7
加拿大	4.6	4.7	4.9	4.8	4.6	4.8	5.0	5.0	4.9	4.7	4.4	4.2
葡萄牙	4.7	4.8	5.0	4.4	4.5	4.8	4.7	5.2	5.1	5.4	4.6	4.6
罗马尼亚	5.1	4.1	4.3	4.6	4.7	4.0	3.8	4.1	3.9	3.9	3.8	4.0
荷兰	3.5	3.3	3.2	3.3	3.4	3.5	3.6	3.7	3.6	3.5	3.7	3.8
奥地利	2.4	2.5	2.7	2.8	3.0	2.4	2.4	2.4	2.4	2.3	2.3	2.4

续表

年份 国家	2010	2011	2012	2013	2014	2015	2016	2017	2018	2019	2020	2021
巴西	3.7	3.6	3.2	3.5	3.2	3.3	3.1	3.3	3.3	3.3	4.1	4.1
瑞士	2.9	2.9	2.8	2.9	2.8	2.8	2.7	2.5	2.4	2.6	2.5	2.6
希腊	3.2	2.9	3.1	3.0	2.6	2.4	2.4	2.4	2.2	2.2	2.2	2.2
日本	2.6	2.8	3.1	3.4	3.5	3.6	3.5	3.5	3.5	3.5	3.5	3.3
智利	3.1	3.0	3.2	2.9	3.0	2.6	2.4	2.3	2.3	1.8	1.8	1.9
比利时	2.8	2.9	2.9	2.9	2.7	3.0	2.8	2.8	2.7	2.7	2.6	2.5
匈牙利	2.3	2.6	2.4	2.4	2.1	2.5	2.3	2.4	2.7	2.1	1.9	1.8
克罗地亚	1.5	1.5	1.4	1.4	1.2	1.1	1.2	1.1	1.0	1.0	1.0	0.9
保加利亚	0.6	0.5	1.0	0.8	0.9	1.0	1.0	0.9	1.0	0.9	0.8	0.8

第二节 国内葡萄酒市场分析

一、中国葡萄酒生产状况

2010—2021年中国葡萄酒产量变化如图2-5所示。总体上看，2010—2012年国内葡萄酒产量快速上升，2013年首次出现下降，此后连续8年持续下降。但与此同时，在中国葡萄气候区划的指导下，葡萄酒产业投资由东部地区向西部干旱半干旱地区转移，并且在这些优质的新兴产区，越来越多的酒庄应运而生，建立起具有一定规模的酒庄集群，生产高品质的酒庄葡萄酒，呈现出我国葡萄酒产业从数量型向质量型转变的新格局。

2012年以前，各产区发展不平衡，作为发展较早的东部各产区，无论是产业规模、生产力水平还是资本实力，一直都远超西部地区，仅山东一省的产量就占到全国总产量的三分之一以上。2013年西部产区开始崛起，至2020年中国11大产区酿酒葡萄栽培面积见图1-1。

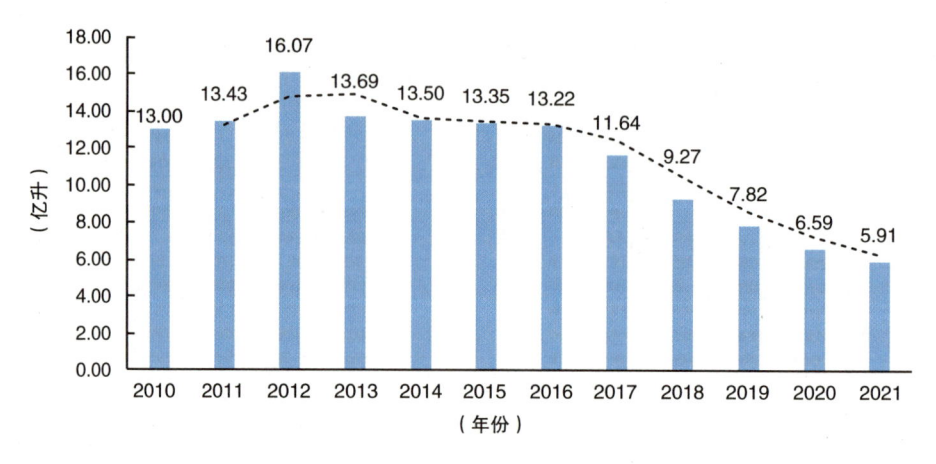

图2-5　2010—2021年中国葡萄酒产量

二、中国葡萄酒进出口状况

我国是葡萄酒进口大国，出口量很少，近年来中国葡萄酒进出口总量、进口总额以及瓶装酒与散装酒进口量走势分别见图2-6、图2-7、图2-8。

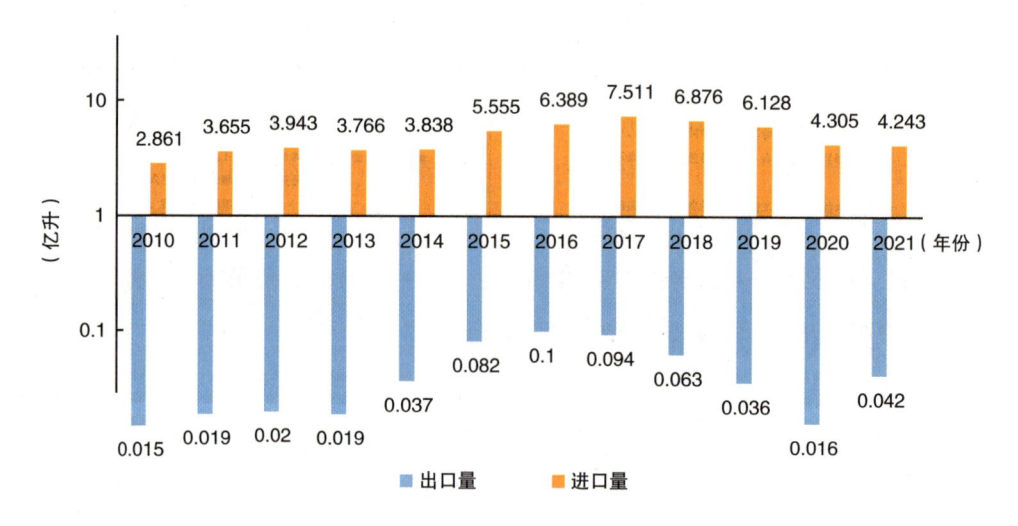

图2-6　2010—2021年中国进出口葡萄酒总量

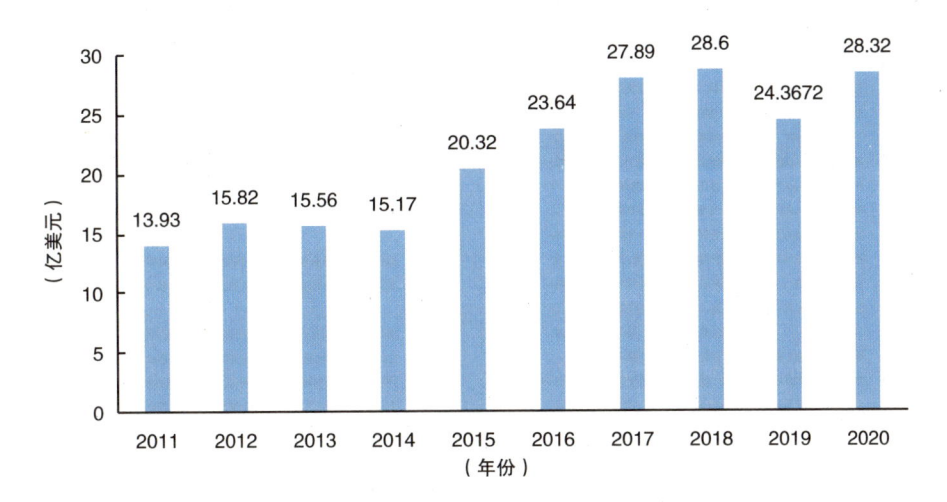

图2-7　2011—2020年中国进口葡萄酒总额

图2-8　2006—2020年瓶装酒与散装酒进口量走势

注：2016年数据缺失

三、中国葡萄酒消费状况

改革开放以来，随着人们生活水平的提高，中国葡萄酒的消费量不断攀升，

057

至2017年的19.3亿升达到最高峰，2019年回落到2010年的水平，其后受疫情的影响，继续下滑，2021年消费量低至10.5亿升，比2010年下滑了30.92%。与此同时，中国葡萄酒产业在经过几十年的高速发展后，从2014年进入到深度调整期以来，国产葡萄酒产量开始连续下滑。2021年，全国葡萄酒产量为5.9亿升，比2020年减少0.7亿升，下滑10.61%，比2010年减少7.1亿升，下滑54.62%。这导致同期消费量与产量的差值虽然从2019年开始下滑，但2021年仍然比2010年上升了155.56%（表2-5）。这说明中国葡萄酒的市场仍然是最有活力的市场，几乎世界所有知名葡萄酒产品都在这里聚集、竞争、交流、融合，中国葡萄酒产业在这个危机与机遇长期并存的市场中得到了一次又一次的提高和升级。

表2-5　2010—2021年中国葡萄酒消费量与产量比较

（单位：亿升）

年份 数量	2010	2011	2012	2013	2014	2015	2016	2017	2018	2019	2020	2021
消费量	15.2	16.5	18.5	18.7	17.4	18.1	19.2	19.3	17.6	15.0	12.4	10.5
产量	13.0	13.4	16.1	13.7	13.5	13.3	13.2	11.6	9.3	7.8	6.6	5.9
差值	1.8	3.1	2.4	5.0	3.9	4.8	6.0	7.3	8.3	7.2	5.8	4.6

第三节　中国葡萄酒产业竞争力分析

作为食品产业的重要组成部分，我国葡萄酒产业在酿酒葡萄基地建设、葡萄酒品类创新、品牌推广、消费者培育等诸多方面取得了快速发展，已发展成为全球重要的新兴葡萄酒市场。

一、生态优势明显

我国幅员辽阔，气候类型多样，适于酿酒葡萄种植和葡萄酒产业发展的区域非常广阔，为我国生产多种类型葡萄酒提供了生态环境气候条件。特别是进入21世纪以后，我国在酿酒葡萄气候区划方面进行了大量研究，并取得了丰硕的成果，很好地促进了产业的科学合理布局。随着葡萄酒产区优化布局进程的加快，中国逐渐形成了东北产区、京津冀产区、山东产区、黄河故道产区、黄土高原产区、内蒙古产区、宁夏贺兰山东麓产区、河西走廊产区、新疆产区、西南高山产区以及中国原生野生葡萄（湖南的刺葡萄、广西的毛葡萄）特殊产区。经过多年的发展，我国葡萄酒产业已经形成了一定规模，各产区积极开展品种区域化、种植标准化、管理规范化的探索与发展，逐步建立了不同规模的酿酒企业，构成了我国葡萄酒产业目前的发展版图，为我国葡萄酒产业稳步发展奠定了良好基础。

二、品牌持续发力

（一）文化自信，国潮兴起

国货崛起，进口葡萄酒与国产葡萄酒的竞争格局正在发生微妙变化，国人对国产葡萄酒的认知转变、国产精品葡萄酒的崛起对消费者的购买决策产生了影响。据艾媒咨询的数据，2021年中国67.9%的白领群体偏好国内葡萄酒品牌，进口葡萄酒正在被国产大品牌葡萄酒和精品酒庄葡萄酒替代。"中国风土，世界品质""品过世界，更爱中国"等一系列中国葡萄酒风土推广活动广泛开展，业内人士积极参与，这对加快国产葡萄酒的推广具有重要的促进作用。

（二）品牌知名度、美誉度大幅提升

经过多年发展，我国诞生和发展出一批又一批在国内乃至国际上享有一定声誉的品牌。中国企业品牌研究中心的数据显示，2019年我国国产葡萄酒品牌力指数得分排名前十的分别是长城、张裕、王朝、香格里拉、通化、威龙、宁夏红、茅台、丰收、中华，头部葡萄酒品牌正在形成。以张裕葡萄酒为例，2019年全年实现营业收入50.31亿元，净利润11.30亿元，营业收入占全国规模以上葡萄酒企业的34.68%，已经成长为行业的强势品牌。与此同时，加贝兰、天塞、中菲、唐庭霞露、虎薇、罗兰马歌、美贺等一批精品小酒庄打造的高端葡萄酒品牌也在世界葡萄酒舞台崭露头角，赢得了世界葡萄酒界的广泛好评。

三、市场潜力巨大

（一）消费持续走低

与生产量下降的趋势一致，我国葡萄酒消费量也出现了下降。我国葡萄酒消费量由2017年的19.3亿升降低至2021年的10.5亿升，降低了45.60%（表2-5）。2019年末暴发的新冠疫情导致葡萄酒消费市场持续低迷。

（二）市场潜力巨大

国际葡萄酒组织统计数据显示，2021年我国人均葡萄酒消费量为0.74升，相当于世界人均葡萄酒消费量（2.99升）的四分之一，我国未来葡萄酒消费量增长空间巨大。另外，国民消费需求持续升级为葡萄酒产业发展提供了巨大的市场空间。近年来，我国人均可支配收入由2013年的1.83万元增加到2020年的3.22万元，增长幅度75.96%。人均食品烟酒支出也由2013年的0.41万元增加到2020年的0.64万元，增长幅度56.1%。居民家庭可支配收入的持续增加为包括葡萄酒在内的食品烟酒消费升级提供了坚实的收入基础。同时，以长城、张裕等为代表的国产酒领头企业正在通过自身影响力和产品力重构中国葡萄酒市场生态。

四、产业集群加速

近年来，我国各葡萄酒产区不断探索葡萄酒产业发展路径及运营模式，各地政府根据产区的环境条件和产业基础，加大政策扶持力度、引导企业科技创新、强化产区品牌打造，逐渐呈现出集群式良性发展态势，并形成了各具特色的产区发展模式。例如，宁夏贺兰山东麓产区充分发挥自身资源优势，积极探索酿酒葡萄基地建设模式，突出产品风格，塑造产区形象，开展产区营销，被国务院批准成为首个"国家葡萄及葡萄酒产业开放发展综合试验区"；山东半岛的蓬莱产区，坚持"优质产区、特色葡园、精品酒庄、标准引领"的发展思路，发挥"世界七大葡萄海岸"之一、"中国葡萄酒名城"优势，聚焦"蓬莱海岸葡萄酒"品牌建设；辽宁桓仁产区聚集了多家酒庄，冰酒生产已形成一定规模，正逐渐发展成为重要的冰酒产区。

五、政府大力支持

我国葡萄酒产业正在从规模化增长向内涵式发展转变。目前，我国葡萄酒产业进入了深度调整期，处于重要的发展机遇期。各产区地方政府从市场环境营造、财政金融支持、人才保障等方面助力本地葡萄酒产业转型升级，为葡萄酒产业发展营造良好的市场环境，支持引导葡萄酒产业健康发展。2019年4月，新疆维吾尔自治区工业和信息化厅、发展和改革委员会、农业农村厅联合发布了《新疆维吾尔自治区葡萄酒产业发展规划（2019—2025年）》，提出要以提升产业竞争力为核心，以原料基地化、标准化建设为重点，以推进产业融合发展为方向，以创新驱动为引领，打造高端葡萄酒的核心产区。2020年11月，山东烟台发布了《烟台葡萄酒产区保护条例》，出台了葡萄酒产业链"链长制"实施方案、烟台葡萄酒产区建设实施方案、葡萄酒产业发展专项资金实施细则等重要文件，全力培养做强葡萄酒产业链，推动葡萄酒产业高端化、生态化、品牌化发展。2021年5月，农业农村部、工业和信息化部、宁夏回族自治区人民政府正式印发了《宁夏国家葡萄及葡萄酒产业开放发展综合试验区建设总体方案》，立足宁夏贺兰山东麓产区，探索"三产"融合新技术、新模式、新业态、新平台、新工程、新政策，努力打造引领宁夏乃至中国葡萄及葡萄酒产业对外开放、融合发展的平台和载体。2021年12月，宁夏回族自治区人民政府办公厅印发了《宁夏贺兰山东麓葡萄酒产业高质量发展"十四五"规划和2035年远景目标》，积极探索以葡萄酒产业布局区域化、经营规模化、生产标准化、产业数字化、营销市场化为核心的葡萄酒产业高质量发展之路。

六、贸易快速增加

近年来，世界葡萄酒贸易一直处于活跃状态，贸易量、贸易额均稳步增长。随着中国消费者对葡萄酒产品认知水平的提高，以及生活水平的进一步提高，世界主要的葡萄酒生产国都增加了对中国葡萄酒市场的开发。目前，进口葡萄酒约占据我国近一半的葡萄酒市场，虽有波动但整体上呈现增长的趋势，短期内进口葡萄酒仍对国产葡萄酒具有较大的影响。与此同时，由于我国葡萄酒的世界知名度越来越高，我国葡萄酒出口量亦快速增长，虽然绝对出口量还很小，但出口潜力巨大。我国葡萄酒产业进出口增长速度均远高于世界同期水平，贸易发展速度快，产业具有较高的成长性。我国葡萄酒进口量的不断攀升与国内日益稳固的消费市场密切相关，随着居民生活条件的不断改善，国内葡萄酒消费市场不断扩容，加上各主产区都大力扶持葡萄酒产业发展，使得我国葡萄酒产业发展不断加速。

七、中国葡萄酒产业竞争力评价

当前，中国葡萄酒产业在战略调整中步入发展新常态，葡萄酒市场竞争白热化、消费需求个性化、产业发展精细化、产业业态复合化等趋势特征日益明显，葡萄酒市场竞争的焦点开始由产品竞争、企业竞争转向产区竞争，预示着中国葡萄酒产业进入了产区竞争时代。产区作为葡萄酒产业竞争力培育和形成的重要基础和载体，在葡萄酒市场竞争中发挥着不可替代的作用。如何提升竞争力成为产区竞争时代下中国葡萄酒产业需要关注和解决的首要问题。在此背景下，从产区层面构建葡萄酒产业竞争力评价指标体系并开展葡萄酒产业竞争力评价，对推动中国葡萄酒产业发挥产区比较优势、培育打造竞争优势，从根本上提升葡萄酒产业综合竞争力，促进葡萄酒产业健康持续发展具有重要意义。

何瑜及苗冠军等构建的竞争力指标体系被用来评价我国葡萄酒产业的整体竞争力水平及我国各葡萄酒产区的竞争力水平。

（一）我国葡萄酒产业整体竞争力水平分析

何瑜以国际贸易、技术差异、经济增长和SCP范式等理论为依据，通过规范分析发现影响葡萄酒产业竞争力的实质因素是生产效率、技术进步和产业组织结构，其他因素通过影响这些实质因素发挥作用。从短期来看，中国葡萄酒产业缺乏国际竞争力；从长期来看，在市场需求的刺激下中国葡萄酒产业的竞争力会不断提升。分析得出的主要结论如下：

（1）从国际市场占有率和其他指标分析，中国葡萄酒产业的相关数据呈波动下行态势，不具备国际竞争力。从国内市场增长情况和产业利润率分析，中国葡萄酒产业具有显著优势，产业竞争力呈不断增强态势。现阶段中国葡萄酒产业主要目标市场是国内市场，产业增长主要源自于国内市场。

（2）产业竞争力持续提高的最主要原因是生产效率提升。全要素生产率保持了较高的增长水平，技术效率和技术进步是生产效率和产业增长的主要动力，规模扩张等外延因素发挥的作用相对较小。表明中国葡萄酒产业属于技术和效率的内生性增长类型，具有可持续发展潜力。

（3）产业组织结构调整对产业发展产生了积极作用。中国葡萄酒市场兼有寡占与竞争的特点，市场集中度较高，但有大量的新企业进入，垄断势力与竞争企业并存，这种市场结构有利于产业的良性循环发展。产业的规模效益不显著，产业竞争力与生产规模成反比。

（4）中国葡萄酒定价行为存在扭曲，吨酒批发价格与零售市场价格不匹配。吨酒批发价格与边际成本的差距很小，资源配置得当，定价机制良好。市场零售价格由于进口葡萄酒市场占有率、消费者成熟度和市场管理等因素的影响，存在价格泡沫。

（二）我国主要葡萄酒产区竞争力分析

苗冠军等运用组合赋权和TOPSIS模型对中国葡萄酒产区所在的省（区、市）葡萄酒产业竞争力进行实证分析。结果表明，市场份额、产业利润、产业生产力等因素对中国产区葡萄酒产业综合竞争力的影响较大，而对产业环境的影响相对较小。主要结论如下：

（1）葡萄酒产业竞争力4个层次的重要性程度从高到低依次为市场份额、产业利润、产业生产力、产业环境。可见贸易优势及市场占有率、产业利润率、比较优势和竞争优势对产区葡萄酒产业综合竞争力的影响较大，而宏观经济及相关产业环境对产区葡萄酒产业竞争力的影响相对较小。

（2）从葡萄酒主产省（区、市）葡萄酒产业综合竞争力评价分值来看，各产

区竞争力大致可分为4个档次:

第一档次($C_i>0.40$)有山东产区,其葡萄酒产业综合竞争力遥遥领先,基本特征是在葡萄酒产业竞争力的4个层次因素方面均具有较为明显的优势,且发展比较均衡。

第二档次($0.30<C_i\leq0.40$)有新疆、河北和河南3个产区,其葡萄酒产业综合竞争力处于次强位置。基本特征是葡萄酒产业在1~2个竞争力层次因素方面优势突出,但同时也至少存在1项短板因素。如新疆产区的突出优势是资源禀赋条件和产业利润,短板是市场份额和产业环境;河北产区的突出优势是产业利润,短板是产业环境;河南产区的突出优势是市场份额,短板是产业生产力。

第三档次($0.20<C_i\leq0.30$)有云南、宁夏、辽宁、甘肃、吉林5个产区,其葡萄酒产业综合竞争力处于中游水平。基本特征是在葡萄酒产业竞争力的4个层次因素表现相对均衡,但也存在薄弱环节。

第四档次($C_i\leq0.20$)有山西、北京和天津3个产区,其葡萄酒产业综合竞争力相对较弱。基本特征是葡萄酒产业竞争力的4个层次因素发展不均衡,且存在2~3项明显的短板因素。

(3)从竞争力具体影响因素来看:在产业环境方面,目前葡萄种植基础与潜力、经济增速及外国投资额是影响产区葡萄酒产业竞争力的主要产业环境因素,天津、吉林和宁夏排在前三位;在产业生产力方面,资源禀赋比较优势和产业规模扩张对产区葡萄酒产业竞争力的影响较大,新疆、宁夏和山东排在前三位;在市场份额方面,山东、河南和甘肃排在前三位,其葡萄酒产业在出口额占比、国内市场占有率、显示性比较优势指数方面具有明显优势;在产业利润方面,新疆、河北和云南排在前三位,其葡萄酒产业具有较高的销售利润率。

第四节　全面提升中国葡萄酒产业竞争力

国产葡萄酒行业如果要抓住未来的发展趋势,赢得长效发展的新动能,那么提升葡萄酒产区的竞争力、培育完整的葡萄酒内需体系、建设葡萄酒市场营销体系、建立国内葡萄酒内循环模式的新发展格局显得尤为重要。

一、提升葡萄酒产区的竞争力

各产区应深入发掘产区风土、生态等资源优势,兼顾利益相关者权益,提高产业组织化水平,坚持创新发展,推动葡萄酒产业向个性化、高性价比、集约化、复合化方向发展,因地制宜地培育和打造独具特色的产区竞争力。

(一)积极推进一、二、三产业融合发展

在全产业链、全业态、大体系、大服务的发展趋势下,葡萄酒产业应以满足消费者需求为目标,调整产业结构、产品结构,创新融合发展模式,培育融合发展多元化经营主体,提高优质、安全、绿色、有机葡萄酒的生产供给能力,提升产业效益和竞争力。同时,不断改良品种,发展优质特色葡萄酒,加强葡萄酒与生态旅游、观光、餐饮等相关产业的融合发展,坚持效益生态优先、数量质量并重,围绕生态保护可持续发展,促进葡萄酒产业绿色融合发展。

(二)科学确定产业规模和产业布局

基于区域农业资源禀赋、葡萄酒产业发展基础和环境适宜性原则,因地制宜优化品种结构及配置,注重提高葡萄品质和生产效率,同时注重发挥市场资源配置的基础性作用,抑制地方政府违背自然生态规律、过度干预果农生产等行为,深入推进供给侧改革。在区分优生区、适生区、次生区的基础上,注重整合和优化配置支持葡萄酒产业发展的科技政策、财政政策、信贷政策、保险政策、市场监管政策,引导技术、资本、人才等先进要素向优势区聚集,有效控制非优势区的葡萄酒产能,形成合理的产业布局和规模。

(三)提高品种选育及栽培管理水平

葡萄种植是葡萄酒产业发展的根基,而葡萄种植业发展的关键是优良品种的引进选育和标准化生产体系的建立。我国要保持葡萄产业的国际竞争优势必须坚持品种"自育为主、引种为辅"的指导思想,充分利用我国丰富的葡萄资源,选育适宜我国葡萄生产的优良品种和抗性砧木,加大国外葡萄优良品

种及砧木的引进与筛选，为我国葡萄产业发展提供品种资源支持。我国葡萄良种苗木繁育体系极不健全，品种名称杂乱繁多，乱引乱栽，假苗案件时有发生，葡萄检疫性虫害根瘤蚜有逐步蔓延之势，许多苗木自繁自育，脱毒种苗比例低，出圃苗木质量参差不齐，严重影响了葡萄生产的建园质量及葡萄园的早期产量和果实品质。加强我国葡萄良种苗木标准化繁育体系建设已势在必行。

（四）提升产业化经营管理水平

在现行的农村基本经营制度下，分散化、小规模的葡萄种植户向专业化、规模化、组织化的新型经营主体转变是创新生产技术、应对市场风险、提高生产效率的有效举措。积极培育葡萄酒龙头企业，建立健全农业合作组织，进一步完善葡萄农户与葡萄酒企业之间的利益联结机制，多种措施扶持和培养多元化葡萄种植、葡萄酒生产、葡萄酒营销新型经营主体和专业技术人员，促进葡萄与葡萄酒生产技术的创新与应用，增强产业组织化程度，提高市场谈判能力，促进葡萄酒产业的持续发展。

（五）构建全流程信息共享平台

葡萄酒产业商品化、专业化程度较高，应注重集成创新，加大信息技术及网络技术的推广力度，构建销售信息、技术信息等多种信息共享平台。以信息化为纽带，促进葡萄种植、葡萄酒生产、葡萄酒销售信息一体化，促进产业资源整合和市场资源整合，强化产业发展信息服务功能，注重披露产业发展、市场供求、库存数量及产能等信息，强化葡萄酒产业监测与市场风险防范功能。重点支持葡萄酒优势产区和主要消费市场建设和发展，加强基础设施建设，支持各类新型经营主体开拓国内外市场，鼓励充分利用国内外市场资源和信息，促进产业的国内外衔接。

（六）提升葡萄酒品牌文化内涵

文化是人类赋予葡萄酒的重要内涵特性，葡萄酒市场和产业培育与文化密切相关。我国葡萄酒文化建设还比较滞后，这是制约葡萄酒产业竞争力提升的一个重要原因。中国葡萄酒产业发展时间较短，尚未形成中国本土特色的葡萄酒文化，应当挖掘具有中国特色的葡萄酒文化，探索用本土文化打造葡萄酒文化之路。文化的发展与丰富能从根本上增强中国葡萄酒产业竞争力。葡萄酒的价值最终体现在品牌上,世界顶级品牌可以给企业带来良好市场和高额利润。要提升国际竞争力,就应塑造市场认可的葡萄酒品牌;要迎合国内不同层次消费者需求,生产基于不同需求的葡萄酒产品;要了解国外消费者在风味和口感上的特殊需求,结合中国特点形成独特风味的国际品牌,积极拓展国际市场。

二、培育完整的葡萄酒内需体系

扩大葡萄酒内需这个战略基点,需要充分挖掘国内市场潜力。要加快培育完整葡萄酒内需体系,扩大居民消费,提升消费层次,使建设超大规模的国内葡萄酒市场成为一个可持续的历史过程。培育完整葡萄酒内需体系,对确立葡萄酒国内大循环主体地位意义重大。要紧紧围绕改善拓展居民对葡萄酒的需求,促进消费与投资有效结合,实现供需更高水平的动态平衡。

(一)加强促进葡萄酒消费政策引导

推动内需,真正的变量在于产区政府。消费导向既和政策引导有关,更是国际关系的写照。国货消费崛起,国家大力倡导拉动内需,毫无疑问消费政策导向是向内促进国货消费。国家宏观调整及相关政策的出台,对内设立行业标准,引导和规范国产葡萄酒的行业发展,帮助提升国产葡萄酒的综合竞争力。2019年10—11月相继批准发布《酿酒葡萄》《橡木桶》两项团体标准,并发布中国《葡萄酒产区标准》,对提高我国葡萄酒产品的品牌竞争力,指导产区建设,打造产区知名度,推动我国葡萄酒迈向国际市场,保障我国葡萄酒产业科学、健康、可持续发展,均具有重要意义。2020年8月,由中国酒业协会代表国内葡萄酒产业向商务部提出申请,针对澳大利亚葡萄酒反倾销展开调查。本次反倾销立案调查有助于维护公平的贸易秩序,保护国内葡萄酒产业安全,促进国内葡萄酒产业健康发展。政府宏观调整及越来越多有利于葡萄酒行业发展的相关政策和标准的出台,有助于引导和规范行业良性持续地发展。不论是政策导向还是市场调节,国产葡萄酒在调整期后,都将会迎来一个量价齐升的新阶段。

（二）精准定位葡萄酒消费者群体

葡萄酒企业往往以产品和成本为导向进行生产，而忽视了终端消费者的需求。研究发现，具有高学历且处于中青年年龄段的男性消费者是目前葡萄酒消费的主要人群，而葡萄酒的保健功能也吸引了许多老年人的关注。另外研究发现，葡萄酒因其美容养颜的功效及独特口味，受到广大女性消费者的喜爱，在进行酒类消费时，会有80%左右的女性将葡萄酒作为首选，而相比之下男性消费者首选葡萄酒的比例则比较低，仅为18%。这说明，老年人市场和女性市场在葡萄酒消费方面潜力无穷，在未来，我国的葡萄酒业应着力开拓这两个市场。

葡萄酒市场的架构形同金字塔，其塔基是低端消费者，塔座是中端消费者，塔尖是高端消费者。与此相对应的产品定位是：低档葡萄酒面向低收入人群，迎合大众消费需求；中档葡萄酒面向有固定收入的中产阶层，是其商务会谈的良佳饮品；高档葡萄酒面向高收入人群，为其体现身份和品位。因为葡萄酒产品定位的不同和目标消费群体的差异，就需要葡萄酒业根据产品的定位来选择目标市场，制订相应的营销方案，进行市场推广。若企业将产品定位于低端层次，则工人、学生和农民等低收入消费群体是其目标市场；若企业将产品定位于中端层次，则关注葡萄酒保健功能的老年群体和追求浪漫情怀的女性是其目标市场；若企业将产品定位于高端层次，则高级政务、商务交流和中产阶级是其目标市场。

三、建立国内葡萄酒内循环模式

建立国内葡萄酒内循环模式需要把控好三个方面——厂、商、终端，并将这三方有机地联系起来，实现"厂商终端一体化"链条关系，从而促进国产葡萄酒市场的有机循环。

（一）提高国内葡萄酒质量

提高产品质量是建立葡萄酒内循环的内在核心。随着消费理念趋于理性，葡萄酒品质成为消费者关注的首要问题。决定葡萄酒品质最重要的因素是原料品质,确保原料安全高质是提高葡萄酒品质的关键;建立健全葡萄酒质量安全体系,保证葡萄酒质量安全;完善加强葡萄酒产业的监督管理,在物流、销售等环节做到产业标准化、规范化。各葡萄酒产区应积极探索自主品牌建设路径,深挖自身产区风格特点。一是构建子产区,研究产区乃至酒庄的特色葡萄品种与特色葡萄酒工艺;二是在品种、生产工艺和包装上凸显差异化、层次化,找出适宜的葡萄酒风格,满足多样消费需求;三是促进品牌与文化融合,借助地理标志保护与各产区历史文化优势,加大葡萄酒文化普及力度;四是形成国内各个葡萄酒产区IP,打造具有区域特色的个性品牌,提高市场认知度与产品附加值,提升产区品牌影响力;五是强化企业的社会责任,树立良好的品牌形象,增加消费者的信任度与忠诚度,帮助产区品牌健康可持续发展。

(二)打造符合国情的葡萄酒营销渠道策略

为了顺利实施市场营销战略,就要求管理好经销商。一方面,需要加强对经销商的市场运作管理。葡萄酒业与经销商的合作不仅是签订合同和汇款发货,还需要对经销商的市场运作进行有效管理,只有通过这样的手段,才能减少客户和市场的流失,降低业务交易风险。其中,对经销商的市场运作的过程管理又显得尤为重要,而过程管理主要包括两方面的内容:策略执行管理和动态评估考核。另一方面,为经销商的工作提供支持。在整个市场开发活动中,应该与经销商团结合作、共同发展,通过协助经销商开展市场工作,不但能使经销商发展壮大,还能实现自身市场网络的发展扩大,最终实现双赢。在实际操作中,应该对那些认真开发市场,遵守有关管理规则和销售业绩突出的经销商给予一定的奖励,以激励其工作热情,然而这种奖励行为不是随意的,应当是建立在严格的评价考核体系之上的。

网络信息技术的迅猛发展,使人们的生活产生了巨大变化,消费者通过互联网,足不出户也能够与世界沟通。网络信息技术一方面消除了时空的限制,消费者只要轻轻点击鼠标,就能购买到世界上任何一个国家或地区的产品(只要该产品在电子商务平台上有出售),从而为全球贸易的快速发展提供了支持;另一方面降低了交易价格,产品可以从生产商直接到达消费者,省去了中间商的环节，从而大大降低了交易成本，使消费者拥有更多"价廉物美"的选择。因此，葡萄酒业可以依托互联网，不时地发布企业信息、推广产品、宣传品牌，在更广阔的平台上与各行业交流、与消费者沟通，寻求志同道合的合作伙伴，共同开拓市场。

（三）重塑文化归属，打造专属IP

葡萄酒IP的打造需要根据品牌、定位、场景等，并组合味觉、视觉、场景、事件、传播、促销等多个维度来进行立体化设计，经过长时间的积累和丰富，才能形成独一无二的IP。目前中国葡萄酒整个话语体系缺少中国特色，蓬勃发展的国产葡萄酒产业，必须建立国产葡萄酒自己的话语体系，从而改变亦步亦趋的现状，与进口葡萄酒在高端层面展开存量竞争。随着民族自信、文化自信、品质自信等因素助力新国货崛起，国产葡萄酒品质与世界接轨，屡次斩获国际性大奖，越来越多的消费者和经销商关注并选择国产葡萄酒。"中国"是最大的IP，中国文化则是最大的产品矩阵，新消费群体的消费理念及价值观，在螺旋式的上升中，完成生命周期的回归与革命。2018年之后，国潮文化和中国传统IP的持续爆发，使曾经的老字号品牌纷纷焕发新的生命力，而传统文化IP也借助新媒体和新画风，获得了又一次规模性的上升。国产葡萄酒需要构建国潮与新国货的品牌思维，这将成为未来十年赢得市场红利的重要契机，而进口酒品牌应基于中国的国情，适应中国消费者消费逻辑的变化，形成以自身特色（国家与产区特色）为核心，又融入中国特色（中国文化与中国消费者文化）的品牌文化。

（四）突出大品系概念，强化场景体系构建

国产葡萄酒需要突出品系概念，特别是领头的几个品牌更要把价格矩阵设计完整，葡萄酒品类产品矩阵一定要按照"1+N"产品组合进行设计，类似于张裕解百纳系列、长城星级系列、茅台老树系列等。同时在场景构建上引导和深入，消费葡萄酒的人群多以知识女性为主，需要在女性消费市场上多下功夫，特别是"闺蜜经济""Z时代消费经济"以及"宴席经济"上，这些都是葡萄酒品类消费的主要场景的构建。而目前国产葡萄酒重心往往放在品鉴会、品

鉴酒、回厂游"三板斧"上,面对的对象以男性为主,我们需要思考的是谁来消费,谁来买单,这就是葡萄酒品类需要研究和思考提升的方向。

(五)重视多元渠道的构建

国产葡萄酒如果想在葡萄酒品类中有所突破,单一的渠道结构不足以支撑整体企业的发展,毕竟团购、专卖店等渠道还是较为狭窄的,如何增加品牌的曝光度以及消费者的见面率是当下及未来思考的方向。如果想跑赢规模、跑赢大盘,必须要全渠道运作,B端依然是"十四五"期间推动的主力,C端则需要长期持续的培育。企业需要设计更高价格的产品,支撑整体品牌的协调性,但是300元以下的价位依然是市场主流的消费段,这个市场容量足够大,葡萄酒厂家需要在电商平台持续地增加流量和曝光度,线下渠道持续地增加见面率,才能实现渠道壁垒的构建。

从大势上看,在中国市场上,国产葡萄酒正在走上葡萄酒消费舞台的中心。从世界市场上看,中国人都希望越来越多的中国企业超越欧美,也希望越来越多的国产品牌站上世界舞台。这是市场不可逆的共识。这种消费会从政府、国企开始发酵,越来越多的消费场合也会开始选择国产酒,也会与国际关系共振形成一种消费的新效应,从而推动中国葡萄酒产区经济发展。

第三章 CHAPTER 3

中国葡萄酒产业乡村振兴新模式

葡萄酒产业是一个涵盖农业种植、加工制造、农业旅游等一、二、三产业的绿色产业，其健康发展对促进土地资源的有效利用、改善农村生态环境、有效解决"三农"问题、助力贫困地区脱贫致富、稳边固边，以及满足和扩大居民消费都具有不可替代的作用。中国酿酒葡萄的种植区域多在中西部等欠发达地区，且种植酿酒葡萄的立地环境大部分都是戈壁荒滩，因此葡萄酒产业在稳边固边、区域协调发展和乡村振兴中发挥着极其重要的作用。"十三五"时期，我国葡萄酒品质大幅提升，目前已从品质向品牌阶段迈进，已经形成的11个特色产区，围绕葡萄酒产业的酒旅融合发展初具规模，在葡萄酒文化建设和当地风土资源的挖掘方面都取得了长足进步。

产业融合，辐射发展，帮农富民是葡萄酒产业落实乡村振兴战略的重要支撑。葡萄酒产业是国际农业产业中高等农业、精品农业和品牌农业的典型代表。尤其在发达国家，葡萄酒产业更是国民经济中的重要板块。葡萄酒产业是集农、工、商、经、教等于一体的多产业融合、多业态叠加的复合型产业。中国葡萄种植区域广泛，葡萄栽培历史悠久、葡萄品种丰富，造就了葡萄酒产业在中国具有良好的发展基础和发展的内生动力。新疆、宁夏、甘肃、山西、陕西、西南高山区等民族聚居区、生态保护区和生态移民区，通过工资性收入发放、新型合作农业经营主体和酒旅融合等全新创新创业模式，以传统农业、精深加工、品牌塑造和市场营销等为主要抓手，全面启动现代化农业的发展，是国内现代农业产业中通过"一品一业"促进乡村全面振兴的典型，具有良好的示范引领作用。

第一节　葡萄酒产业与农民致富新模式及案例解析

在乡村振兴与全域旅游的背景下，我国农村经济的发展备受关注。葡萄酒产业的发展，在带动农业经济发展的同时，更是贯彻落实乡村振兴发展政策和全域旅游的重要途径之一。党的二十大十分重视乡村振兴战略，坚持共同推动乡村产业振兴、人才振兴、文化振兴、生态振兴、组织振兴，实现农业高质高效、乡村宜居宜业、农民富裕富足。因此，通过研究葡萄酒产业与农民之间的互惠行为，深入挖掘葡萄酒庄的发展规律，有助于为葡萄酒产区的发展提供现实指导与策略建议，加快葡萄酒行业的发展进程，助力乡村振兴，推动全域旅游的发展。

一、直接带动工资性收入

据不完全统计，中国葡萄酒产业直接带动的140万就业人群中，仅包括葡萄酒产业中的一产、二产人员，不包括市场销售人员。以宁夏为例，宁夏的葡萄酒产业为移民提供了13万个就业岗位，提供工资性收入超过10亿元，劳均7692元，人均2788元，占当地农民人均纯收入的28%，成为该区域农民就业增收的主导产业。如位于宁夏永宁县闽宁镇的贺兰神（宁夏）国际葡萄酒庄，在建立以来的15年间，每年为当地的生态移民提供大约1200个就业岗位，每年发放工资超3600万元，每年带动近1000户家庭就业，成为该区域移民脱贫攻坚的带头企业。

立兰酒庄是宁夏的一个精品酒庄，种植葡萄约3000亩，每年为原隆村等周边村镇的生态移民提供大约300个就业岗位，全年支付农民工资约864万元，人均28000元/年，每年带动300户家庭就业。随着葡萄园面积及产能的不断扩大，这一数字还在增长。立兰酒庄流转租赁农民土地，并招募这些农民到自己的地里种葡萄，每年每亩向农民支付600元土地租赁费，仅此一项，就为当地近500户农户创造增收1500元/年。2016年，习近平总书记来到村民海富贵家中，与村民拉起了家常，当算起致富账时，海富贵向总书记汇报了自己一年来的收入，其中有一多半的收入都来自在酒庄打工，而海富贵本人在立兰酒庄打工已经有6年的时间了。

志辉源石酒庄是宁夏的二级列级酒庄，种植葡萄园及各种景观树木、经济林3万多亩。近年来在发展葡萄酒旅游体验经济上做出了特色，而这一切的支撑来源于每年上千名移民的劳务输出。志辉源石酒庄每年为银川市西夏区昊苑村的生态移民提供大约900个就业岗位，工资性收入人均36000元/年，每年带动230户家庭就业，年支付工资约1500万元。

君子谷第一个野果深加工实验室于2004年建立，单一野果深加工成葡萄酒、野果饼干和起泡酒，使得产业链延长，在创造多个就业岗位的同时，增收渠道也更多元化。君子谷在发展生态产业的同时，也不忘带动周边乡村的农民共同致富。近年来，君子谷通过"公司+基地+专业合作社+农户"的经营模式，免费向农民提供野生刺葡萄苗木，同时还举办了农业技术培训班向农户普及培训野果种植技术。两杰村葡萄沟的村民黄芳祥从庭院种植刺葡萄发展到现在5亩多地的种植规模，每亩可产2000千克葡萄，每亩地每年可获得收入6000多元。而之前种水稻每亩收入只有1000多元，相比之下，黄芳祥家的收入翻了好几番。

上述案例是葡萄酒产业以工资性收入带动农民增收致富的一个缩影。

二、建立农民致富新模式

考虑到葡萄酒产业发展过程中所伴随的生态保护、特色产业发展和带动就业及品牌塑造等多维益处，国内多个葡萄酒产区政府均将葡萄酒产业作为地方重点产业进行扶持，并实质性地鼓励开创农业创富新模式。近年来，相对于传统农业形式而言，葡萄酒产业形成了以下几种新型机制和模式。

（一）创新利益连接体模式

近年来，国内大多数产区不再鼓励个体户大面积种植葡萄，更不支持企业、农户单纯从种植酿酒葡萄中获益。一方面个体户无法大面积完成机械作业，另一方面葡萄种植存在中短期压资金现象。因此，为了解决农民要求变现快、抗风险能力差的困难，各产区出台相关政策，支持农户通过开展酒庄与葡萄园一体化经营，由此盘活现有葡萄基地（单纯种植葡萄的企业、农户）资源，鼓励国内外企业（酒庄）到现有葡萄基地建设酒庄，通过拍卖、入股、租赁、流转、托管等形式与现有种植企业、种植户结成紧密的利益联合体，并由酒庄统一管理，形成一体化经营。对参与一体化经营的企业（酒庄）拍卖或入股或租赁或流转或托管的基地，一次性给予一定的资金补贴。

（二）创新市场化服务体系

鼓励有条件、有技术的农民参与葡萄酒产业的社会化服务体系建设，例如组建专业化葡萄与葡萄酒技术设备服务公司，开展机械化作业及专业化服务，助力酒庄（企业）或合作社。截至2021年，新疆、宁夏等埋土防寒区已经有超过30%的栽培土地实现了社会化服务。同时，农民或企业购买机械设备，凡列入国家农机补贴目录的专业机械，按国家农机政策进行补贴；葡萄及葡萄酒专用的进口机械设备，按照国家农机补贴标准给予30%左右的补贴，以此鼓励农户以企业经营者的身份进入到葡萄酒产业，共享产业发展红利。

（三）创新第三产业业态

目前，葡萄酒产业的上下游已经拉动了一批生产配套企业，主要包括种苗、酒标设计制作、纸箱包装、葡萄籽加工、葡萄发酵罐及配件设备加工、软木塞次加工、酒瓶、酒帽、酿造设备、橡木桶、设备维护等产业。支持企业利用葡萄籽油、皮渣等开发衍生品，培育关联企业，提升产业附加值，力争把酿酒葡萄的价值利用最大化。积极拓展"葡萄酒+"教育、艺术、健康等新业态、新模式，开创葡萄酒互动体验、艺术创作、体育竞技、健康休闲等旅游新地标。同时，充分发挥葡萄酒旅游在国内外旅游市场的独特性，推动葡萄酒文化和旅游融合发展。目前，国内相当一部分产区酒庄已经进入旅游景区序列。以宁夏为例，贺兰山东麓酒庄获评4A级旅游景区4家、3A级4家、2A级4家。2020年以来，贺兰山东麓产区先后荣膺"世界十大最具潜力葡萄酒旅游产区""全球葡萄酒旅游目的地"称号。酒庄2021年接待游客超过120万人次，酒庄旅游成为宁夏全域旅游不可或缺的元素，由此所延伸出的第三产业已经成为新一代农民创富增收的新途径。一大批职业酒庄旅游人才脱颖而出，并由此带动运输、物流、餐饮等方面需求越来越旺盛。

三、激发农民艰苦创业意识

除了自然条件的限制外,思想观念落后以及脱贫内生动力缺乏才是贫穷的关键。因此扶贫必须要扶志,更要扶智。"授人以鱼不如授人以渔",要让贫困户转变思想、树立正确的意识,主动要求脱贫。给钱给物只能解一时之贫,扶志扶智才能拔掉穷根。

葡萄酒产业,尤其是西部的葡萄酒产业与上述观念高度契合。酿酒葡萄种植的地方大多是荒山或是戈壁,周围大多被移民村围绕。从异地搬迁到新环境中,"就近就业"是所有移民的共识。因此,在酒庄打工理所当然地成为他们首选的工作。首先,这份工作不是传统的面朝黄土背朝天,而是在园林式的葡萄园里打工,工作环境好,机械化程度高,工作强度低,相比自己曾经从事的农活儿而言更为轻松。其次,许多酒庄的管理者绝大多数都是接受过高等教育的人,甚至很大一部分有海外求学经历。优秀的素质修养使得管理人员很尊重这些移民工人,人格得到了尊重,久而久之,农民的思想就会发生巨大的变化。众所周知,葡萄酒横跨一、二、三产业,在葡萄园里打工久了也会耳濡目染地熟悉二产和三产,有一些胆大敢于尝试的年轻人会尝试着进入葡萄酒酿造和葡萄酒销售环节。而葡萄酒产业的包容性会给予这些人理论学习和上手实操的机会。随着时间推移,这些人会逐渐变成行业里的行家里手,甚至专家。

吴忠市红寺堡区是宁夏最大的生态移民集中安置区,历经23年扶贫开发,贫困发生率由开发之初的100%下降到4.8%,堪称全国易地扶贫搬迁的"微缩盆景"。而红寺堡区红寺堡镇中圈塘村移民乔文生便是宁夏葡萄酒产业的受益者之一。20多年前他从贫穷的西海固搬迁至这里,也出门打过工创过业,但是始终都觉得不是自己想做的事情。在2010年左右,随着红寺堡打造葡萄酒产业的政策实施,他毅然干起了老本行——种葡萄,自己也摇身一变成了"葡萄种植师"。这一干就是十多年,不只是自己干,也带动村民干。长期的思想熏陶,乔文生也看到了教育的重要性,更是将自己的儿子乔英波送到了宁夏大学葡萄酒学院学习葡萄酒酿造和销售。经过多年的探索和努力，乔英波也从罗山酒庄的一名技术员慢慢成长为罗山酒庄的首席酿酒师。

近年来宁夏葡萄酒产业积极开展帮扶教育、农民技术培训、产业宣讲等工作，在思想上扶志、能力上扶智、精神上激励、观念上塑造，让从事葡萄酒行业的移民群众明事理、增本领、长志气，不断激发群众脱贫内生动力。在酒庄企业中，无论是葡萄种植、酿造、销售，还是物流、旅游服务等环节，移民们都可以找到适合自己的岗位，移民群众也由传统的农民变成了产业技术工人。"撸起袖子加油干，全心全意奔小康"，这是宁夏葡萄酒产业为转变移民群众思想意识做出的最大贡献。

第二节　葡萄酒产业与生态环境新模式

葡萄酒产业具有重要的生态价值，其蕴含的生态功能逐渐被认可。我们不仅要认识到酿酒葡萄园的生态价值，而且要使葡萄酒产业发展过程中的产业模式契合我国碳中和、碳达峰战略，从而使我国葡萄酒产业可持续发展。

在2020年9月22日第七十五届联合国大会上，习近平主席发表的重要讲话中指出：中国将提高国家自主贡献力度，采取更加有力的政策和措施，二氧化碳排放力争于2030年前达到峰值，努力争取2060年前实现碳中和。这一承诺表明中国将采取更为积极的减排举措，减少大气中二氧化碳的含量。随着我国葡萄种植规模不断扩大，葡萄园的碳汇对我国碳中和的实现具有重要作用。因此，构建我国葡萄酒产业乡村振兴新模式，需要进一步解析葡萄酒产业和生态产业之间的关系，并提出葡萄酒产业绿色低碳的发展模式。

一、葡萄酒产业与生态产业关系解析

我国人口众多，资源相对贫乏，长期沿用高物耗、高能耗、高污染的粗放型经济模式，生态环境已不堪重负。目前，我国正处于工业社会发展时期，发展经

济与保护环境的矛盾尤为突出。葡萄酒生态产业链上的葡萄种植者、葡萄酒企业及消费者都要最大限度地减少废物排放，提高生态资源的利用效率，保护环境，实现社会、经济、环境三者共赢。

近年来，人们的消费观念发生了明显转变，一些高性价比、个性突出的葡萄酒已经成为消费者的首选。因此，从技术层面上讲，葡萄酒产业的生态文明建设就必须从突出风格、提高质量、降低成本、节能减排几方面着重发力。

（一）坚持生态和产业双赢发展

葡萄产业既是强区富民的产业，也是固碳的绿色生态产业；葡萄酒庄既是生产单元，也是生态景观。例如，宁夏贺兰山东麓产区成年葡萄园每年的固碳量为55.35吨/公顷，且与玉米相比较，每年种植酿酒葡萄可节水1500吨/公顷，宁夏贺兰山东麓葡萄酒产业的生态系统服务价值高达78.26亿元。葡萄园采取"深沟浅种"模式，遵循先建防风林原则，按15%配置林网，不仅构筑了防洪拦蓄、水土保持的生态屏障，而且改善了野生动植物的栖息环境。经过一代又一代葡萄酒人的开荒拓土，昔日的荒滩戈壁、废弃矿坑变成了现在绿意盎然的葡萄长廊，成为区域气候适宜、黄河水土保持、"三山"生态涵养的生态屏障以及野生动植物生存环境修复的生态典范（20世纪50年代消失的雪豹重现贺兰山，野生岩羊、马鹿等种群明显增加）。

（二）坚持绿色发展和黄河生态涵养相结合

宁夏酿酒葡萄的种植将35万亩荒山地变成了绿洲，大幅提高了产区森林覆盖率。葡萄园"深沟浅种"减少了水土流失，"园成方、林成网"成为贺兰山东麓的生态屏障。为了实现百万亩葡萄基地的建设目标，宁夏将把突出生态修复功能作为发展葡萄酒产业的第一要务，以世界眼光、系统观念、专业思维、高起点布局、高标准设计、高端化运作，建设世界最大下沉式生态型葡萄酒产业园，把废弃的砂石坑变成紫色聚宝盆，打造黄河流域生态保护和高质量发展的样板项目，形成"世界葡萄酒之都"的展示窗口。

二、酿酒葡萄园碳汇功能解析

（一）酿酒葡萄园碳储量

酿酒葡萄园生态系统是农业生态系统的重要组成部分，与草原生态系统相比，单位面积碳固定量更高；与非经济林生态系统相比，人为可控性高。集中连片栽培的葡萄园具有重要的二氧化碳减排效应和生态服务功能。碳汇是生态系统吸收储存二氧化碳的能力，碳储量是对碳汇的静态描述。酿酒葡萄植株的叶片通过光合作用固定大气中的二氧化碳，通过地表凋落物、细根周转和根系分泌物将光合产物固定到土壤中，又通过自身呼吸作用、土壤呼吸等过程释放二氧化碳。因此，研究葡萄园生态系统的碳储量，应该包括酿酒葡萄植株（包括地上部和地下部根系）生物量碳储量和土壤碳储量。酿酒葡萄园碳储量还取决于种植密度、植株生物量和酿酒葡萄各器官有机碳含量等因素。

酿酒葡萄各器官的有机碳含量随着主干基径增加而增加，植株同一径级不同器官的有机碳含量存在差异。各器官的有机碳含量总体上较高，均高于390克/千克，其中果实的平均有机碳含量最高，其次分别是多年生枝条、根，一年生枝条和叶。

不同品种葡萄植株的碳储量不同，由高到低分别为：赤霞珠（3.11千克/株）＞西拉（2.52千克/株）＞霞多丽（2.04千克/株）＞长相思（1.92千克/株）＞美乐（1.9千克/株）＞雷司令（1.44千克/株）＞黑皮诺（1.27千克/株）＞灰皮诺（0.78千克/株）。

从单位面积碳储量在葡萄各器官中的分配来看，美乐根系的碳储量最大，为1.54吨/公顷，占总碳储量的34.92%；多年生枝条的碳储量为0.95吨/公顷，占比为21.54%；果实和一年生枝条的碳储量占比分别为16.33%和13.83%；叶的碳储量占比最低，仅为13.38%。除赤霞珠之外，美乐、霞多丽和贵人香的各器官碳储量由高到低分别是：根系＞多年生枝条＞果实＞一年生枝条＞叶。因此，多年生器官（根和多年生枝条）是酿酒葡萄碳储量的主要贡献者。酿酒葡萄的深根系有助于碳封存，根系碳储量较高。研究发现，根系的碳储量为4.1吨/公顷，占总生物量碳储量的33%，且酿酒葡萄植株地下根系的碳储量主要储存于大于6毫米的根系中。

酿酒葡萄园土壤碳储量大小与有机碳含量、土壤容重和水分含量等因素有关，其有机碳含量和容重呈现明显的垂直分布：0~20厘米土层的有机碳含量最高，土壤容重最小；随着土层深度的增加，土壤有机碳含量下降，土壤容重增加。总之，各土层的碳储量随着土层深度的增加而减少，土壤碳储量主要集中于表层土壤；土壤碳储量中，红色品种葡萄园土壤碳储量（赤霞珠43.12吨/公顷，美乐40.58吨/公顷）高于白色品种葡萄园（霞多丽36.71吨/公顷，贵人香34.69吨/公顷）。此外，酿酒葡萄园土壤碳储量高于未耕作土地（8.06吨/公顷）。

为了实现优质、稳产、长久、美观的可持续发展目标，需要对酿酒葡萄进行栽培管理，栽培管理技术对酿酒葡萄园碳储量和碳汇功能有显著的影响。通过研究农艺措施中的耕作、施肥和农药等因素对酿酒葡萄园碳储量的影响，发现杀虫剂、化肥和农药的使用不仅是葡萄园中温室气体排放的主要来源，还会显著影响酿酒葡萄园的碳储量。酿酒葡萄栽培过程中的一些措施能显著提高葡萄园土壤的碳储量，如将修剪枝、枯蔓、疏花、疏叶等作为有机质并入土壤中进行碳封存，增加了土壤有机质；施用有机肥（粪肥、农作物残体、秸秆等）和生草覆盖也增加了土壤有机碳储量。葡萄园生态系统中土壤是一个巨大的碳库，更高的土壤有机碳储量有利于改善土壤的肥力、结构和物理性质，增加土壤的微生物活性和持水能力。土壤碳储量也取决于土壤类型、气候（主要是降水和温度）、土地管理和植被，可以通过施用有机肥、堆肥或植物残骸来改善碳储量。此外，将酿酒过程中产生的皮渣施入土壤中，也有助于碳的长期储存。

酿酒葡萄园生态系统中，碳可以短期储存于一年生器官（叶、果实和一年生枝条），长期储存于根、主蔓和主干等多年生器官，或储存于土壤碳库。在整个葡萄园中，30%碳封存在葡萄植株生物量中，其他70%储存在土壤中。葡萄园总碳储量与株龄、葡萄品种等有关。美国加利福尼亚州的一项研究发现，葡萄园总碳储量为87.10吨/公顷。在宁夏贺兰山东麓产区，7年生的赤霞珠葡萄园碳储量为55.35吨/公顷，赤霞珠生物量碳储量为12.23吨/公顷（其中叶1.85吨/公顷、果实2.15吨/公顷、一年生枝条1.83吨/公顷、多年生枝条2.62吨/公顷、根3.78吨/公顷），仅占22.10%；土壤碳储量为43.12吨/公顷，占总碳储量的77.90%。两年生的霞多丽葡萄园碳储量为39.48吨/公顷，其中土壤碳储量为36.71吨/公顷，占总碳储量的92.98%；霞多丽生物量碳储量为2.77吨/公顷，仅占7.02%。因此，在葡萄园生态系统中，土壤是碳储量的最重要贡献者，葡萄植株对葡萄园总碳储量起到的作用较小。此外，同龄酿酒葡萄园碳储量比较，红色品种葡萄园碳储量高于白色品种葡萄园碳储量。

（二）栽培模式对酿酒葡萄园碳足迹和碳汇的影响

碳足迹是对某一活动引起的或某一产品生命周期内积累的直接和间接的温室气体排放总量，以二氧化碳排放当量（CO_2-eq）表示。在葡萄园生态系统碳循环规律中，碳足迹属于向外界排放的碳；碳储量属于从外界吸收固定的碳；碳汇为碳储量与碳足迹的差值，即碳汇=碳储量–碳足迹。

酿酒葡萄栽培是葡萄酒产业的基础。酿酒葡萄栽培模式不仅通过农资的使用、栽培管理等对酿酒葡萄园碳储量、碳汇功能和碳足迹有显著的影响，也通过影响葡萄的质量、特性和自然微生物群体等造成葡萄酒酿造阶段碳足迹的差异。因此，我们在山东蓬莱君顶酒庄以传统栽培模式为对照，研究了极简化生态栽培模式对酿酒葡萄园碳足迹和碳汇的影响。

与传统葡萄栽培模式（单干双臂整形+单株管理+冬季修剪+清耕）对照比较，极简化生态葡萄栽培模式则以"树形控制（单干双臂整形、群体管理）+全面生草+行内枝条覆盖+冬季留枝"为核心，强调保护生物多样性，控制和减少化肥、农药的使用。君顶酒庄自2000年开始实施极简化生态栽培模式。供试葡萄园的基本情况如表3–1所示。

表3-1　供试葡萄园有关情况

处理	品种	定植年份	面积（公顷）	产量（千克/公顷）	农药（千克/公顷）	追肥（千克/公顷） 氮	追肥（千克/公顷） 五氧化二磷	追肥（千克/公顷） 氧化钾	相同操作
极简化生态栽培模式	贵人香	2018	26.7	9000	44.1	24.0	41.4	60.6	施用有机肥羊粪（基肥），每年15吨/公顷。羊粪中有机质含量为24%～27%，氮素含量为0.7%～0.8%，磷素含量为0.45%～0.6%，钾素含量为0.3%～0.6%。灌溉量每年900立方米/公顷。
极简化生态栽培模式	小味尔多	2018	20.0	9000	44.1	26.4	45.0	73.1	
极简化生态栽培模式	赤霞珠	2003	13.3	7500	44.1	27.0	48.0	79.5	
传统葡萄栽培模式	贵人香	2018	13.3	9000	63.6	750.0	375.0	750.0	
传统葡萄栽培模式	小味尔多	2018	12.0	7500	63.6	750.0	450.0	750.0	
传统葡萄栽培模式	赤霞珠	2003	20.0	750.0	63.6	750.0	450.0	750.0	

传统栽培模式下，酿酒葡萄园虽然能固定储存碳，贵人香、小味尔多和赤霞珠的碳储量分别为49.42吨/公顷、49.42吨/公顷、50.82吨/公顷，但由于农药、化肥及其他污染物的大量投入，大大提高了酿酒葡萄园的碳足迹，致使传统栽培模式下酿酒葡萄园碳汇仅为47.76～49.16吨/公顷（表3-2）。而极简化生态栽培模式，一方面通过行间生草、行内枝条覆盖等措施，显著地提高了酿酒葡萄园的碳储量（图3-1）。另一方面通过对葡萄生产中造成环境和土壤污染的投入品（如农药、化肥及其他污染物）的控制，极大地减少了酿酒葡萄生产的碳足迹，从而使得极简化生态栽培模式下酿酒葡萄园的碳汇提高到56.35～79.59吨/公顷，贵人香、小味尔多和赤霞珠葡萄园的碳汇量分别为传统栽培模式下的1.18倍、1.59倍和1.62倍（表3-2）。因此，极简化生态栽培模式的推广，减少了碳排放，有助于减轻温室效应，进而对减缓全球变暖趋势起重要作用。

表3-2 极简化生态栽培模式和传统栽培模式下酿酒葡萄碳汇（吨/公顷）

	极简化生态栽培模式			传统栽培模式		
	贵人香	小味尔多	赤霞珠	贵人香	小味尔多	赤霞珠
碳足迹	0.64	0.64	0.65	1.64	1.66	1.66
碳储量	56.99	76.50	80.24	49.42	49.42	50.82
碳汇	56.35	75.86	79.59	47.78	47.76	49.16

注：由比例系数 $\frac{12}{44}$，将二氧化碳当量转化为碳当量。

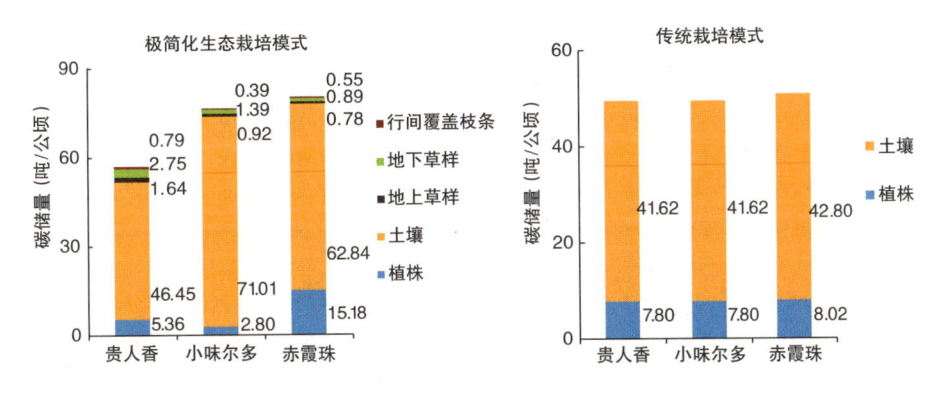

图3-1 极简化生态栽培模式和传统栽培模式下酿酒葡萄园碳储量分布特征

酿酒葡萄长期固定储存碳对减缓全球变暖具有重要意义。酿酒葡萄极简化生态栽培模式具有更高的生态服务价值，且定义为碳汇林的酿酒葡萄可以进行碳排放权交易以降低葡萄酒的生产成本，政府管理部门应该加大对极简化酿酒葡萄栽培的推广。此外，酿酒葡萄是固定和吸收二氧化碳的一种手段，将酿酒葡萄碳汇看作一种生态产品，应给予生态补偿。酿酒葡萄生态补偿就是对葡萄种植林的产权人提供相应的补助，让产权人能够更加积极地保护经济林，主动增加经济林面积和植被覆盖度，推广酿酒葡萄极简化生态栽培模式，为产区可持续高质量发展做出贡献。

第三节　葡萄酒产业与农村发展新模式

乡村要振兴，打牢产业基础，培育健康可持续发展的产业是关键。因此，需要综合对当前葡萄酒产业发展现状、优势、短板等各方面进行调研分析，抓住实施乡村振兴战略契机，依托产地资源，因地制宜，打造符合当地实际情况的乡村振兴发展的可持续体系。将产业与旅游相结合，最大限度开发利用产地的资源，拓展葡萄酒产业新业态、新模式，培育构建现代化产业。使葡萄酒产业与乡村城镇的发展相互促进，推进乡村现代化、新型城镇化，加快乡村振兴。

一、推进文旅教体贸融合发展

宁夏贺兰山东麓产区先后荣膺"世界十大最具潜力葡萄酒旅游产区"和"全球葡萄酒旅游目的地"称号，酒庄年接待游客超过120万人次，酒庄旅游成为宁夏全域旅游不可或缺的元素。推动葡萄酒产业产生显著的综合效益，应做精、做深"葡萄酒+"的文章，加快推进贺兰山东麓葡萄酒与文化旅游发展规划编制，规划建设一批葡萄酒主题产业小镇和智慧葡萄园，加快旅游线路创新设计、文旅产品提质升级、葡萄酒产业与康养产业融合、葡萄酒智慧体验项目建设。不断拓展葡萄酒产业新业态、新模式，形成葡萄酒产业区、生态区、旅游区空间融通、内涵延伸、功能互补的新格局。

二、强化乡村现代化和新型城镇化联动发展

酒庄葡萄酒产业具有高农业附加值的特点，同时它具备田园综合体的特征，可以通过发展葡萄酒旅游产业实现乡村现代化和新型城镇化联动发展。实现高质量发展就是要把葡萄酒旅游作为重点工作，加大力度建设产区旅游配套设施，让游客享受更好的旅游服务体验。

从山区经济转型到对接城市经济功能定位，从高端生态产业到田园综合体建设，各产区以酒庄葡萄酒产业为核心，积极发挥区位优势，在实践中摸索出一条以葡萄酒旅游为先导，以文化、商贸、金融等多种业态相融合的新格局，为各省市自治区实现城乡一体化发展和乡村振兴战略做出了自己的贡献。未来，中国葡萄酒应当着力打通葡萄酒产业链、价值链、供应链上的瘀点、堵点、

痛点，加快产业融合、产城融合、产网融合，形成集研发、种植、加工、营销、文化、生态于一体的全产业链，积极探索拓展"葡萄酒+"新业态新模式，实施一批城市化配套产业、智能化改造产业、多元化壮大产业的项目，努力将葡萄酒产业打造成为多产业融合、高综合产值的复合产业，实现贯通融合、跨界赋能、效益倍增的多重目标。

第四节 中国葡萄酒产业联动发展

葡萄酒行业具有高价值、高密度的产业互联关系，一瓶葡萄酒的诞生涉及了一、二、三产业的协同合作、相互配合，葡萄酒产业的联动发展将会是令葡萄酒行业更上一层楼的推动力，更是葡萄酒行业深入根植、高效发展的动力源泉。葡萄酒行业作为新兴的产业，产业链日渐成熟和完整，产业联动发展将是大势所趋。

一、中国葡萄酒集群发展

葡萄酒的生产与销售，涉及了农业、工业、服务业，从原料的采摘、运输，到企业的生产与酿造，再到物流、展销及饮用，整条生产服务链涉及企业众多、涵盖面广。且辅以政策的扶持、顾客消费热情的提高，中国葡萄酒前景一片向好。

（一）葡萄酒产区集中度

集中度反映了产区的竞争力水平，集中度越高，表明该地区生产效率及产品质量越高。我国目前的葡萄酒企业的发展态势仍是以中小企业为主体、大企业主导，而中小企业是推动葡萄酒生产技术创新、促进就业、改善民生的重要力量。随着我国脱贫攻坚历史任务的顺利完成，乡村振兴发展战略开始成为社会发展的又一重大主题。

我国葡萄酒行业具备长价值链和密集的产业联系，整条产业链满足葡萄酒产业集群形成条件。葡萄酒的产业集群内不仅有酒企，还包括销售、仓储、物流等，各企业相互独立又紧密相连。葡萄酒产业集群网络促进了当地就业，完善了劳动体系，加强了竞争与创新，形成了当地特色产品，也成了新技术、新设备的孵化器，这也使得更新的技术与理念向该集群汇集，形成良性循环，带动当地的经济发展。因此，推进葡萄酒集群发展，是一项促经济、惠民生的重大举措。

（二）葡萄酒产业融合

葡萄酒的生产与销售涉及了一、二、三产业，葡萄酒带动一、二、三产业融合发展也受到了各界的关注。葡萄酒企业有着庞大的上下游生产供应链，依托乡村生态优势，供给端遵从农业产品的生产逻辑，从葡萄种植、葡萄酒酿造到葡萄酒销售，形成了完整的生产链条。

葡萄酒行业的一、二产业融合，体现在葡萄酒生产链的前端。酒庄、企业从葡萄园、农户处购买葡萄原料，再进行工业化酿造，批量生产葡萄酒。农户或农业工作者通过对葡萄的合理管控，向酒庄、企业提供葡萄原料，促进一、二产业融合发展。

葡萄酒的一、三产业融合，目前更多地展现在"葡萄酒+文化旅游"方面。葡萄酒文化旅游作为特殊旅游的一种，近年来在各大产区得到了重视与发展。结合各大产区当地特色，形成一个集葡萄园观光、酒庄参观、酒庄文化宣讲、葡萄酒品尝、葡萄酒节、休闲度假于一体的综合旅游区，给游客带来专业化、多样化、多层次的旅游体验，同时间接对外宣传，提高知名度，形成一种集群驱动模式。

葡萄酒行业是较早形成产业链发展模式的产业之一，是一、二、三产业融合发展的典型案例。葡萄种植者的获利方式主要是葡萄的买卖，通过葡萄原料的交易换取经济利益，因此品质的高低便决定了经济效益的强弱。葡萄工业酿造企业又凭借葡萄酒品质的高低决定企业的命运，也凭借品质决定消费群体。葡萄酒产业链使得一、二、三产业环环相扣，互相依靠，整个产业共同进步，高速发展。

随着葡萄酒行业的大力发展，葡萄酒产业融合进一步提升。全国已逐步形成了各具特色的酒庄集群和特色小镇，在乡村建设中发挥了重要作用。山东张裕葡萄酒城，作为我国第一个葡萄酒工业旅游景区，在产业链协同发展、"葡萄酒+文化旅游"等方面已有成熟经验，推动了葡萄酒产业融合发展。另外，葡萄酒生产规范、标准、质量安全等一系列政策法规的出台和不断更新，已与国际接轨，为产业的有序发展提供了保障。

二、中国葡萄酒文旅业

（一）葡萄酒会展经济

会展是在区域范围内，群体互相交换信息或传递思想的社会性活动，葡萄酒会展是指由酒类协会或机构组织举办，以展览、销售及培养用户群体为目的，从而带动葡萄酒经济的会展。此类会展往往能吸引众多葡萄酒生产者、销售者以及购买者。在品鉴美酒的同时，既可以学到葡萄酒的相关知识，又可以促进葡萄酒的相关贸易。

葡萄酒会展近年来得到了推广与发展，规模及影响力逐渐扩大，为葡萄酒企业获取相关产品数据提供了可靠来源，是葡萄酒行业发展和市场变化的"风向标"。葡萄酒会展多以葡萄酒酒品展览、品鉴为主，通过酒品展览、品尝、宣传等方式对葡萄酒品牌和酒庄进行推销。大型葡萄酒会展有密集的信息流，融合葡萄酒种植业、酿造业、加工业及相关服务业资源，是葡萄酒产业上下游产业集中的平台。会展通过品牌经销商与供应商的现场交流，加强了葡萄酒企业的自主合作，优化葡萄酒资源配置，实现葡萄酒各产业协调同步发展。

（二）葡萄酒博物馆

随着近几年酒文化盛行，我国酒文化类型的博物馆在近20年间已经建成了100多家，葡萄酒文化博物馆近些年也先后建成，如青岛葡萄酒博物馆、宁夏葡萄酒博物馆、张裕酒文化博物馆，以及即将建成的环球葡萄酒博物馆等。该类博物馆以向大众普及葡萄酒相关知识为起点，进而使大众慢慢接受与了解葡萄酒文化，从原料到餐桌，再从酒瓶到包装，全流程的沉浸式体验，有助于激发大众对葡萄酒的喜爱，对葡萄酒的宣传和推广有着重要作用。

（三）葡萄与葡萄酒主题公园

目前葡萄与葡萄酒主题公园的定义还未有权威且详细的阐明，根据高攀对酒文化主题公园的界定，可以将葡萄与葡萄酒主题公园界定为，以呈现中国葡萄与葡萄酒文化为主题，集旅游科普、文化展示、休闲度假、美酒品鉴于一体的综合性葡萄酒文化体验园，以葡萄酒文化宣传为内核，以相应的景观建筑为载体，满足大众对葡萄酒文化的认知与体验，促进文化交流与葡萄酒推广。国内先后建成了北京市延庆区世界葡萄博览园、上海马陆葡萄主题公园、新疆和硕葡萄公园和玛纳斯葡萄酒公园等。

（四）葡萄酒旅游业

葡萄酒产业与旅游业具有天然耦合优势，通过打破两者产业界限，加速融合，可形成多业态、高产能的葡萄酒旅游产业。在全域旅游背景下，以葡萄酒文化为核心，通过为消费者营造品美酒、赏美景的深度体验场景，推动葡萄酒旅游产业创新发展。随着中国葡萄酒行业的高速发展以及人们旅游需求的不断增加，以葡萄酒为主题的专项旅游也必将蓬勃发展起来。

三、葡萄酒全产业链

葡萄酒全产业链是葡萄酒领域内研发、生产、加工、储运、销售、品牌、体验、消费、服务等环节和主体紧密关联、有效衔接、耦合配套、协同发展的有机整体。全链目的是推进延链、补链、壮链、优链，从抓生产到抓链条、从抓产品到抓产业、从抓环节到抓体系转变，贯通产加销、融合农文旅，拓展产业增值增效空间，打造一批创新能力强、产业链条全、绿色底色足、安全可控制、联农带农紧的全产业链，为全面乡村振兴和农业农村现代化提供支撑。

产业链环节的划分与界定，既要科学厘清产业内各环节的内存逻辑关系，也要关注产业发展的时代特性与发展趋势。我国葡萄酒产业的发展时间不长，但较为成功地吸收了传统葡萄酒产业的精髓和国外的先进经验。进入转型发展期后，生产标准化程度逐步提高，运输、加工、包装基本实现了机械化，但深加工和多元化产品的研发短板已经显现,与全球葡萄酒科技含量越来越高的特点对比明显。基于高雅、健康、文化、时尚的葡萄酒产品发展理念,综合我国葡萄酒产业发展的阶段性特征与发展趋势,我国葡萄酒产业的产业链可分为研发链、生产链、消费链、服务链等四个环节:

研发链主要是进一步加强原创科技的自主研发,从新品种葡萄选育到新酒种开发,推动葡萄与葡萄酒研发从试验到产业化,实现产业创新发展。

生产链是葡萄酒、特种酒及关联产品的生产。

消费链是消费者选择和购买产品及其服务。

服务链则包括葡萄酒教育、旅游、机械、物流、配饰品、包装等方面。

第四章 CHAPTER 4

中国葡萄酒行业新趋势

改革开放以来，我国葡萄酒产业得到了长足发展，基本完成了从数量型到质量型的转变，走上了一、二、三产业紧密结合、多业态融合发展的道路。同时，我国葡萄酒科技、高等教育、葡萄酒行业和供需关系等也呈现出了一些新特点、新趋势。

第一节　中国葡萄酒科技新趋势

一、葡萄酒产业布局发展趋势

中华人民共和国成立前，由于西方传教士的活动和日本入侵等原因，中国为数不多的葡萄酒企业主要集中在烟台、北京、青岛和吉林等沿海地区和东北地区。从中华人民共和国成立到改革开放以前，葡萄酒产业工业设备和技术水平比较落后，产品以半汁甜型葡萄酒为主。1984年，原轻工业部颁布了中国第一个葡萄酒标准QB 921—1984《葡萄酒及其试验方法》，中国葡萄酒行业从无序生产开始走向标准化。同时，东部的一些具有前瞻性发展眼光的葡萄酒企业，为了开拓国际市场和引领中国葡萄酒发展，开始按照国际标准酿造全汁葡萄酒，并且开始有意识地注重葡萄产地和原料的质量。

1994年，中国颁布了第一个全汁葡萄酒的国家标准（GB/T 15037—1994《葡萄酒》），葡萄酒的产品定义和检测指标都与国际标准保持一致，中国葡萄酒产业开始与国际接轨，人们才真正认识到葡萄酒产区和品种的重要性。1994年至2003年，中国葡萄酒市场处于半汁酒和全汁酒共存的缓冲期，半汁葡萄酒逐渐向全汁葡萄酒标准过渡。随着QB/T 1980—94《半汁葡萄酒》在2003年被废止，中国葡萄酒产业才完全进入全汁酒时代。此后的2004—2013年，中国葡萄酒产业进入了快速发展阶段，葡萄产地和葡萄质量受到市场的高度重视。

近年来，随着中国政治经济的发展和供给侧改革，中国葡萄酒产业进入了深度调整期。中国葡萄酒市场的逐渐成熟以及中产阶层的崛起，促使葡萄酒的消费导向趋于个性化和中高端化。结合近30年中国葡萄酒产业发展的历史背景，通过科学的数据分析来论证中国葡萄酒产区布局的变迁和发展趋势是十分必要的。

（一）产区相关数据

1. 产区划分

基于中国葡萄气候区划指标体系、酿酒葡萄品种区域化研究和实际调查研究，以无霜期—干燥度—有效积温—埋土防寒线为指标，将中国葡萄酒产区划分为11个：东北产区（辽宁、吉林和黑龙江）、京津冀产区、山东产区、黄河故道产区（河南东部、安徽北部及江苏北部）、黄土高原产区（陕西和山西）、内蒙古产区、宁夏贺兰山东麓产区、河西走廊产区、新疆产区、西南高山产区（青藏高原东南部、四川盆地和云贵高原大部）和特殊产区（湖南、湖北和广西）。

2. 数据来源与处理

本书研究所采用的中国11个葡萄酒大产区连续30年（1991—2020年）酿酒葡萄种植面积（平方千米）、酿酒葡萄产量（万吨）和葡萄酒产量（万千升）等相关数据主要来自于各省（区、市）历年的《统计年鉴》（https://data.cnki.net/yearbook/）、前瞻数据库（https://d.qianzhan.com/）、中国经济社会大数据研究平台（https://dldx.jitui.me/https/77726476706e6973746865626573737421f4f6559d6933665b774687a98c/HomeNew/index）和《中国葡萄酒年鉴》（https://navi.cnki.net/knavi/yearbooks/YPTJJ/detail）等多种数据库和文献资料，葡萄酒的获奖信息来自布鲁塞尔国际葡萄酒大赛的官网。对于数据缺失在3年以内的，参考数据处理的插值法和平推法进行补充。数据缺失较多年份的采用相互关系进行推导分析。

3. 统计分析

采用统计产品与服务解决方案软件（SPSS 23.0）对相关数据进行单因素方差分析，计算每5年的平均值，并结合邓肯氏新复极差法进行多重比较，差异显著性$P<0.05$，分析数据的发展趋势和不同产区的显著性差异。使用棱镜软件（GraphPad Prism 8.0.2）和商业数据图表（Echarts）网页平台作图。

（二）酿酒葡萄栽培面积、产量和葡萄酒产量的比较分析

通过对中国各个葡萄酒产区近30年的酿酒葡萄栽培面积、酿酒葡萄产量和葡萄酒产量的变化趋势进行分析，发现不同产区的葡萄产量和葡萄酒产量之间的变化并不一致。尤其是山东产区在近30年的葡萄酒产量均保持全国第一，但其酿酒葡萄产量并未达到相同地位。这是因为葡萄原料和原酒可能被外地企业收购，形成了产区间的原料流通。我们以西部的新疆产区和贺兰山东麓产区，中部地区的黄河故道产区以及东部的山东产区为例，统计了以上4个产区近30年的酿酒葡萄平均亩产量和出汁率的变化情况（图4-1），分析酿酒葡萄原料和原酒在产区间流通的可能性。

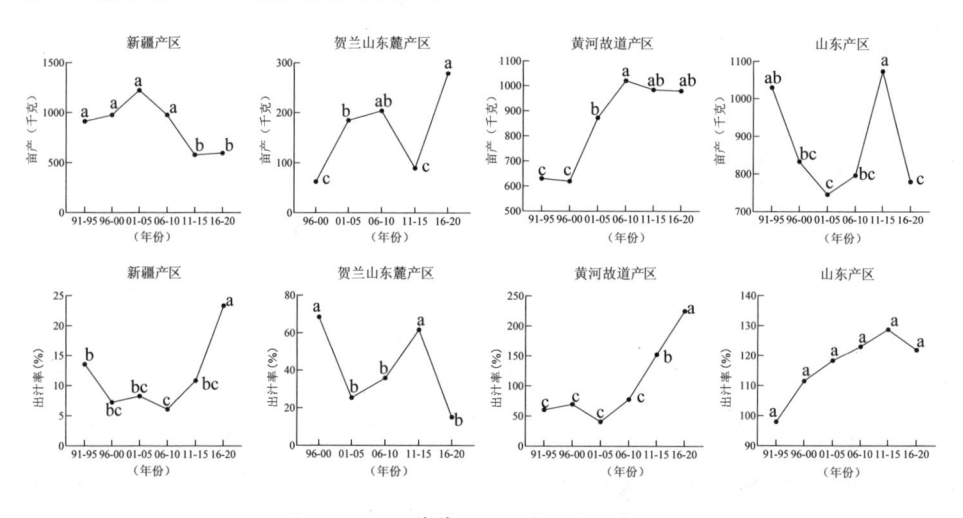

图4-1 酿酒葡萄平均亩产和出汁率变化

如图4-1所示，新疆产区早期的亩产量较高，尤其在2001—2005年达到约1500千克/亩。此后随着"葡萄酒是种出来的"理念逐步深入，控产提质成为栽培管理的重点，新疆产区的亩产逐渐降低。据统计，2012年新疆的酿酒葡萄亩产约为398千克。然而，近30年新疆产区的葡萄酒出汁率始终低于30%，按照标准出汁率为60%进行计算，说明新疆产区的葡萄原酒接近一半被销往其他产区。同样，近年来贺兰山东麓产区的平均亩产量基本在200千克左右，

但出汁率发生显著变化，尤其是21世纪初期和2016—2020年，出汁率明显低于标准。有研究表明，2018年前后宁夏贺兰山东麓产区年产酿酒葡萄原料约15万吨，但成品酒销量仅有1万吨左右，理论计算的出汁率约为6.67%，说明大概有约90%的葡萄酒以原酒的形式销往其他产区。黄河故道产区在20世纪90年代亩产量大约为650千克，2001—2005年，黄河故道产区的平均亩产量显著提升。我们发现在1991—2005年，黄河故道产区的出汁率基本保持在60%左右，符合正常标准，然而在2005年以后，黄河故道产区的平均亩产和出汁率均显著增长，尤其出汁率在近10年大幅超出标准，可以推断在2005年之后，黄河故道产区可能存在购入其他产区外来葡萄原料和原酒的情况。此外，作为中国老牌的葡萄酒产区，山东产区具有多家大型葡萄酒企业，它们在全国的其他优质产区也建立了葡萄基地。我们发现山东产区的平均亩产在近30年波动较大，20世纪90年代亩产显著降低，2000—2015年，平均亩产显著提高，2015年以后又呈现显著降低的趋势，近30年的平均亩产均高于700千克，但平均出汁率均超过100%，这说明山东产区的部分企业可能从国内其他产区或其他产酒国购买原酒，从而大大增加了葡萄酒生产的统计量。通过对上述西部、中部和东部4个代表性产区近30年酿酒葡萄栽培面积、酿酒葡萄产量和葡萄酒产量的比较分析，我们发现由于葡萄酒原料（包括酿酒葡萄和葡萄原酒）能在产区间流通，酿酒葡萄产量和葡萄酒产量不能作为研究产区布局变迁的指标，只有酿酒葡萄栽培面积变化才能客观地反映产区布局的变迁及其发展趋势。在上述4个产区中，处于西部的新疆产区和贺兰山东麓产区是葡萄原料的输出产区，而处于中部的黄河故道产区和处于东部的山东产区是葡萄原料的输入产区。

（三）中国葡萄酒产区布局变迁及其发展趋势

中国葡萄酒主要产区的酿酒葡萄栽培面积在近30年发生了显著变化，如图4-2所示。总体而言，大多数产区的酿酒葡萄种植面积均呈逐渐上升的趋势，仅京津冀产区呈轻微下滑趋势，黄河故道产区保持相对平稳。

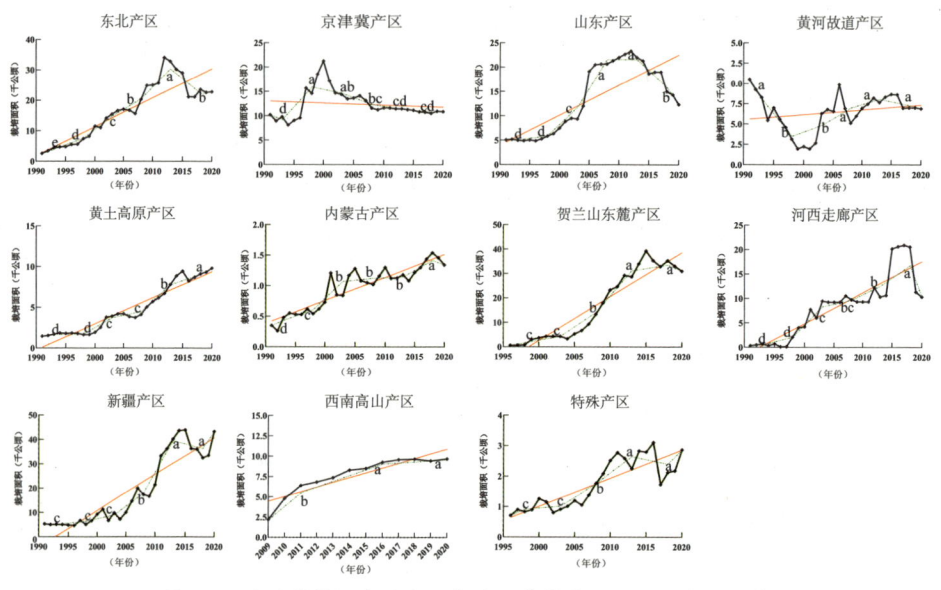

图4-2 中国葡萄酒产区近30年酿酒葡萄栽培面积的变化趋势

注：黑色折线为栽培面积变化线，蓝色虚线为每5年平均变化线，红色直线为各产区的栽培面积整体趋势线（贺兰山东麓产区从1995年开始分析，西南高山产区从2009年开始分析，不同小写字母表示差异显著）

图4-3展示了各产区每5年的酿酒葡萄平均栽培面积。1991—1995年，中国的酿酒葡萄栽培主要集中在京津冀产区、黄河故道产区、新疆产区和山东产区，其余西部地区的栽培面积较少。京津冀产区的栽培面积约占全国总产区的26.81%。随后的1996—2000年，京津冀产区和东北产区的栽培面积显著增加，而黄河故道产区则显著降低，其他产区在这5年间保持相对稳定。进入21世纪之后，东北产区和山东产区的栽培面积继续显著增加。然而，京津冀产区的种植面积出现显著降低的趋势，2001—2005年的平均栽培面积相较于1996—2000年减少约7.92%，但仍有较高种植面积。相反，东北产区的种植面积同期增长了约94.50%，成为占比最高的葡萄酒产区。因此，基本在2005年以前，中国的酿酒葡萄种植仍然主要集中在东部地区：东北产区、京津冀产区和山东产区的栽培面积占比超过全国总产区的50%。虽然山东产区和东北产区在2006—2010年仍呈现持续增加的态势，但京津冀产区继续显著下降。在此期间，西部产区的酿酒葡萄栽培得到了迅速发展，尤其是贺兰山东麓产区和新疆

产区的栽培面积分别增加了2.27倍和0.95倍,西南高山产区在2009年之后也开始逐渐种植酿酒葡萄,特殊产区(主要包括广西、湖南和湖北等省份)的栽培面积在这一时期也显著增加,这些产区主要种植中国本土特有的刺葡萄和毛葡萄等品种。

2011—2015年,中国葡萄酒产区的酿酒葡萄种植发生巨大转变。东北产区和山东产区的栽培面积在2012年左右达到峰值后逐渐开始显著降低,而京津冀产区依旧呈平稳下降的趋势。然而,黄土高原产区、宁夏贺兰山东麓产区、河西走廊产区和新疆产区等西部产区的栽培面积均有显著增加,尤其是新疆产区和宁夏贺兰山东麓产区在这段时期的平均栽培面积相比于2006—2010年显著增长了1.16倍和1.21倍,新疆产区和宁夏贺兰山东麓产区的栽培面积占比也超过了东北产区和山东产区排在前两位。从2011—2015年各产区的栽培面积变化中,能够发现中国葡萄酒产区的重心开始逐渐由东部向西部转移。2016—2020年,东部产区的种植面积仍然保持逐渐减少的趋势,比较明显的是山东产区的栽培面积相较2011—2015年下滑了26.24%。近年来,新疆产区和黄土

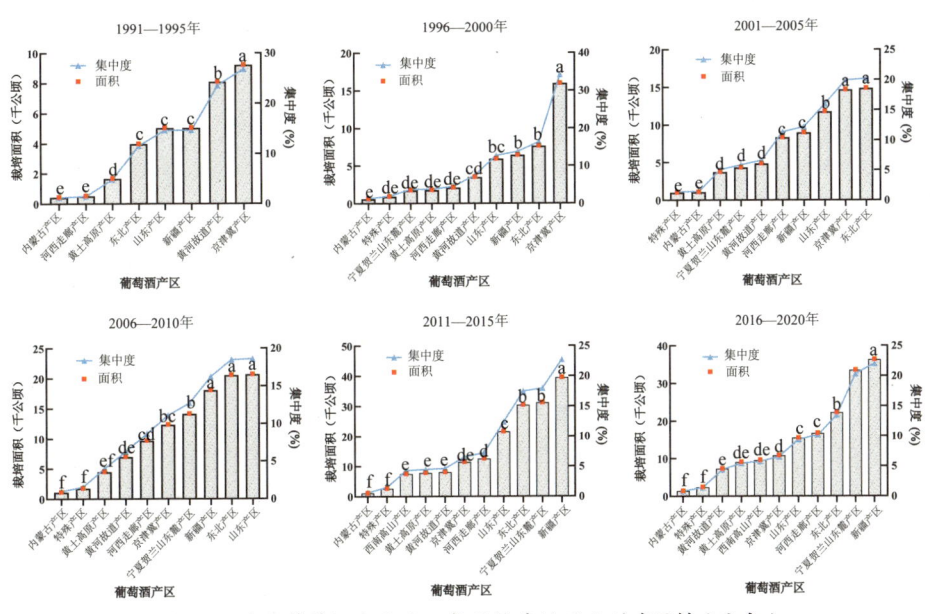

图4-3 中国葡萄酒产区近30年平均栽培面积的产区排名和占比

注:不同小写字母表示差异显著

高原产区在栽培面积仍稳步增加,而内蒙古产区、宁夏贺兰山东麓产区和河西走廊产区在2017年前后呈减少的趋势,西南产区和特殊产区则基本保持稳定。2016—2020年,新疆产区和贺兰山东麓产区的栽培面积仍位居前列,河西走廊产区在全国总产区的占比也逐渐提高。近5年酿酒葡萄栽培面积的变化可能与中国葡萄酒产业进入深度调整期相关。

(四)中国葡萄酒质量不断提升

随着中国葡萄酒产区布局由东向西逐渐转移,葡萄酒的整体质量明显提高,在国际市场的影响力也逐渐提升,越来越多的国际葡萄酒专业人士和葡萄酒爱好者开始关注和认可中国葡萄酒。近年来,中国葡萄酒在国际葡萄酒大赛屡获大奖,以素有"葡萄酒奥斯卡"之称的比利时布鲁塞尔国际葡萄酒大奖赛为例,从2014年中国葡萄酒仅获得2枚金牌和3枚银牌,到2022年获得141枚奖牌,位居奖牌榜第五名,其中大金奖2枚,金奖54枚,银奖84枚以及1枚代表类别最佳的特别嘉奖,中国葡萄酒的获奖数迅速增加(图4-4)。值得一提的是,中国也是2022年本届赛事获得有机葡萄酒奖牌最多的产区国,共获得12枚奖牌。以上结果说明中国葡萄酒的整体水平在不断提高,国际影响力持续加大。

图4-4 历年布鲁塞尔葡萄酒大奖赛中国葡萄酒获得的奖牌数

注:仅限红/白静止葡萄酒

中国葡萄酒在布鲁塞尔国际葡萄酒大奖赛上大放光彩,主要得益于西部产区的崛起,特别是宁夏贺兰山东麓产区的崛起。近年来宁夏贺兰山东麓产区和新疆产区在布鲁塞尔国际葡萄酒大奖赛的获奖占比约占全国的60%,展现了强劲的产区竞争力(图4-5)。

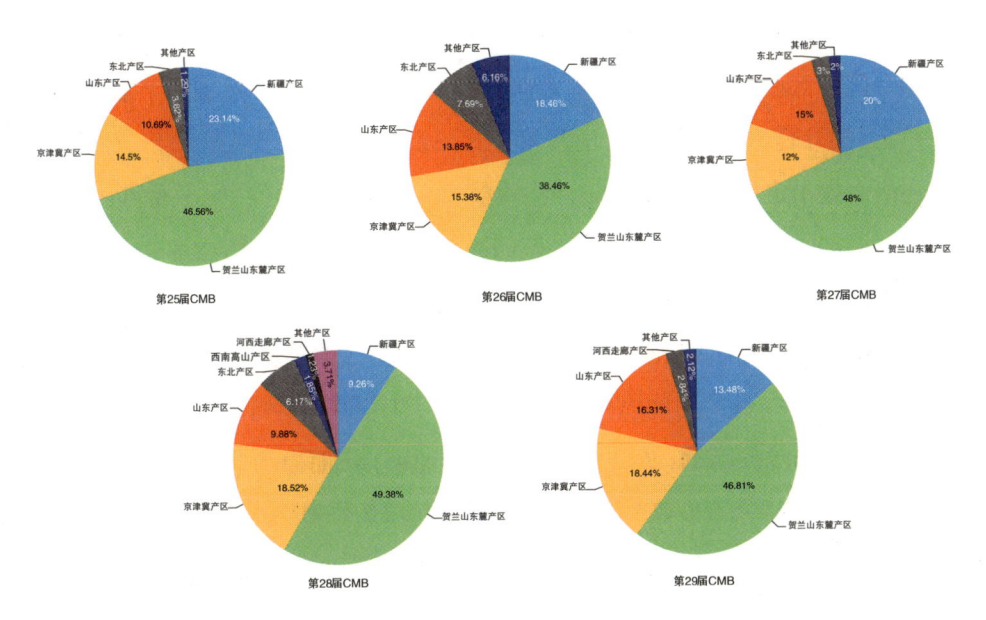

图4-5 中国主要葡萄酒产区2018—2022年在布鲁塞尔国际葡萄酒大奖赛的获奖数占全国的百分比

注：仅限红/白静止葡萄酒

综上所述，近30年来，中国葡萄酒产区的集中度逐渐由东部产区向西部产区转移，西部优质葡萄酒产区逐渐得到了国内外的广泛认同，酿酒葡萄栽培面积可以真实地反映产区布局的变迁和发展趋势。产区由东向西的发展极大地提高了中国葡萄酒的质量和国际影响力，同时将促进中国葡萄酒产业的可持续高质量发展，并为西部地区的乡村振兴和社会繁荣开辟新途径。

二、葡萄栽培趋势

20世纪50年代，葡萄种植以单篱架和双篱架树形为主；改革开放以来，研究规范了小棚架和网格式水平棚架树形；进入21世纪，针对葡萄机械化生产要求，我国创新性研发并推广了光能利用率高、光合作用强、新梢生长均衡、果实品质优、管理省工、便于机械化和标准化生产的各种高光效省力化树形和叶幕形及其配套简化修剪技术。我国研究推广了下架越冬防寒区采用倾斜主干水平龙干（又称"厂字形"）配合水平叶幕、篱架叶幕或"V"形叶幕的栽培方式，以及埋土防寒区不用冬季下架和春季上架的爬地龙整形修剪方式；非下架越冬防寒区采用直立主干水平龙干（又称倒"L"形，"T"形或一字形）配合水平、篱架叶幕或"V"形叶幕的栽培方式，以及单干双臂和头状整形方式。我国还研究提出定梢后及时绑蔓新梢，使枝梢在架面分布均匀，便于通风透光良好的新梢省力管理技术；对于坐果率低的品种，采取两次成梢技术；对于坐果率高的品种，采取一次成梢技术，以及副梢模式化修剪技术等。

近年来的研究结果表明，葡萄园生草技术，不仅改善了葡萄园的微气候环境，控制病虫害，保护生物多样性，而且改善了土壤环境，提高土壤肥力，促进根系的生长和吸收活动，提高了树体的光合速率，从而提高葡萄质量。研究证明，葡萄园行间生草，最好是自然草，在经过几年的修剪后，就会留下几种优势草种，这也符合植物群落学原理。

目前，可持续发展理念已成为国际社会的广泛共识，也是我国的基本国策之一。在葡萄栽培领域，要实现可持续发展，就必须建立和完善葡萄生产生态系统。技术层面上，要以必要的处理保证葡萄生长的最佳状态，尽量避免不必要的投入品（农药、化肥、灌溉等）和污染物对土壤和环境的干扰，尽量减少不必要的栽培处理，尽量缩短各种处理的时间，促进葡萄生产生态系统的健康发展，同时强化产品的风格，提高质量。为此，我国创新性地提出并推广了以"树形控制+全面生草（或碎石覆盖）+行内枝条覆盖+冬季挂（留）枝"为核心的极简化生态葡萄栽培的技术体系，取得了良好的经济、生态和社会效益。

近年来，为了解决我国埋土防寒区欧亚种葡萄品种露地越冬问题，我国研发推广了生物可降解液态膜（BLF）代替传统埋土越冬措施，即免埋栽培。生物可降解液态膜内含独特成膜剂，在冬季喷涂于葡萄植株需保护的组织表面可形成一层物理保护膜，起到保温、保水的作用，减少枝条与环境的水分交换，避免冰晶伤害，防止枝条抽干。试验结果表明，喷施生物可降解液态膜的葡萄与正常埋土的葡萄相比，萌芽期延后5~10天，可减轻倒春寒危害，且后续物候期无显著差异，不影响果实的成熟度与品质，生物可降解液态膜在开春后逐渐降解。在土壤表面喷施生物可降解液态膜可以减少土壤水分蒸发并显著减少土壤风蚀，但仍然允许农药和营养物质充分渗透到土壤中。现有的生物可降解液态膜仅适用于绝对低温高于–25℃的地区，该团队希望研发出适用于绝对低温更低地区的生物可降解液态膜。

为了取代高残留、高污染的化学农药，研发了高岭土颗粒膜（KPF）。高岭土颗粒膜在植物表面形成一层物理屏障，阻碍害虫以及病原体的侵害。其不含化学活性成分，不产生化学毒性，既能降低病虫害发生率，又不会导致产生抗药性和污染环境。同时，高岭土颗粒膜可以反射过多的光照和热量，降低叶片表面温度和蒸腾作用，减轻高温、干旱胁迫对植株造成的伤害，从而提高植株光合作用和水分利用效率，改善果实的外观和质量，提高产量。

三、葡萄品种选育趋势

由于世界上绝大多数酿酒葡萄品种都属于欧亚种葡萄品种，因此，在建立葡萄酒产业之初，我国就需要从国外引进酿酒葡萄品种。1892年，华侨张弼士在烟台建立了第一个工业化生产的葡萄酒厂，并从欧洲引进了120多种酿酒葡萄品种。20世纪50—60年代，我国引进了如赤霞珠、品丽珠、佳利酿、玫瑰香、白羽、白雅、晚红蜜、红玫瑰、黑白比诺等几百个欧洲的酿酒品种。20世纪70—80年代，引种地区逐渐转向东欧、西欧和美国。20世纪90年代，我国葡萄引种指导思想趋于成熟，注重良种引进，酿酒葡萄主要引自法国和意大利。在此基础上，我国酿酒葡萄逐步形成品种集中化、优质化和生产规模化、基地化的局面。但是同时，也出现了酿酒葡萄品种较为单一的问题，酿酒葡萄品种以赤霞珠、蛇龙珠、梅鹿辄、霞多丽等为主，栽培面积约占全国酿酒葡萄的80%。其中，赤霞珠约占49.6%，蛇龙珠约占9.6%，梅鹿辄约占8.5%，霞多丽约占1.7%。这些欧亚种在抗病、抗逆性方面表现较差，因此我国的葡萄酒产业急需引进抗性强的优良酿酒葡萄品种。2000年以来，我国先后从国外引进酿酒葡萄品种100多种。除了引进许多优质酿酒葡萄品种如威代尔、马瑟兰、西拉等之外，也引进了一些酿酒用圆叶葡萄品种。

在引种的同时，我国也持续进行了酿酒葡萄育种工作。我国的酿酒葡萄育种主要有两种思路。一种是种间杂交，即利用我国优质野生葡萄资源，利用山葡萄、毛葡萄、刺葡萄等与优质酿酒品种进行杂交。从20世纪50年代开始，中国科学院植物研究所、中国农业科学院果树研究所、东北农林科学研究所等单位就开始对抗寒的山葡萄进行全面的研究和开发，从中筛选出一批可供直接利用的优良类型，并在生产中推广利用，也为以后的杂交育种工作奠定了基础。中国科学院北京植物园、吉林省农业科学院果树研究所、中国农科院特产研究所等利用欧亚种和野生山葡萄杂交，培育出抗寒、高糖的酿酒葡萄品种，先后培育出我国第一代抗寒山欧葡萄品种北醇、北玫、北红、公酿1号、公酿2号等。进入21世纪，开始了山葡萄的多亲多代的杂交育种工作，先后培育了左优红、北冰红、雪兰红等，多亲多代的山葡萄杂交的后代酒质好，葡萄酒品质得到明显改善。

刺葡萄原产于湖南、江西、福建、浙江等地，耐热抗湿，是果粒最大的中国野生葡萄。20世纪80年代，我国发现了刺葡萄的两性花类型塘尾葡萄和雪峰。此后，又选出了高山1号、紫秋、金枝刺葡萄等刺葡萄品种和品系。广西罗城、都安、永福将当地野生的毛葡萄用于酿酒，从中筛选出了适应性强、丰产稳产的优良单株，并选育出两性花野生毛葡萄株系野酿2号。利用毛葡萄与欧亚种进行杂交，育成了凌优和凌丰，使酿酒质量进一步提高。

另一种是20世纪80年代以来，以优质、抗病、抗寒、抗旱为育种目标，在"微效多基因取代积累"的基础上，我国提出了"欧亚种内轮回选择法"，并成功地培育了酿酒葡萄新品种：爱格丽和媚丽。这两个新品种品质优良，耐旱耐寒，抗病性强，在埋土防寒区被广泛种植。

我国从20世纪50年代开始有目的地进行葡萄育种，据统计至今已培育了40余个酿酒葡萄新品种。2000年以后，葡萄育种目标变得多样化，除以我国优质野生葡萄资源、山葡萄、毛葡萄、刺葡萄等作为亲本进行育种外，也在利用优质酿酒品种间杂交选育综合品质性状更优的新品种。我国葡萄育成品种的亲本材料主要包括国外引进品种、我国自主选育品种、我国野生葡萄资源和我国古老的栽培品种。

四、葡萄酒酿造趋势

新中国成立以来，中国的葡萄与葡萄酒科研人员进行了大量细致的工作，直接促进了葡萄酒标准体系的更新和发展，葡萄酒产品类型经历了从勾兑到半汁再到与国际接轨的真正意义上的全汁葡萄酒，从甜型到干型、从干白到干红再到起泡酒、冰酒、迟采甜酒，从混合型酒到单品种酒、年份葡萄酒、新鲜葡萄酒、酒庄酒、自然葡萄酒等产品出现的变化。产品从低档到走出国门被世界认可，从只讲葡萄酒工艺等人为因素到重视品种、产区等自然因素，中国葡萄酒产业最终走上了健康发展的轨道。目前，中国已建立了葡萄与葡萄酒学科的理论体系和人才培养体系，包括葡萄气候区划指标体系、葡萄酒地理标志及其保护体系，符合国际标准的葡萄酒质量控制与工艺体系在内的"从土地到餐桌"全程质量控制体系。

20世纪60—70年代，原轻工业部组织领导全国葡萄酒研究部门及企业进行多项科学研究工作，取得丰硕的成果。主要开展的研究项目有：干白葡萄酒新工艺研究、红葡萄酒工艺研究、葡萄酒稳定性研究、葡萄酒人工老熟研究、优质白兰地与威士忌的研究。这些成果直接促使我国出台了第一个葡萄酒标准，即行业标准QB 921—1984《葡萄酒及其试验方法》。该标准的实施，在控制和提高产品质量方面起到了很大作用。1987年，由中国长城葡萄酒有限公司主持的轻工业部重点科研项目"干白葡萄酒新工艺的研究"，荣获1987年国家科技进步二等奖。

2001年，"王朝高档干红葡萄酒酿造技术与原料设备保障体系的研制与开发"项目荣获国家科技进步二等奖，该项目主要通过酿酒葡萄品种的筛选、相应栽培技术配套、原酒酿造、陈酿木桶选型、陈酿工艺研究、酿造设备配套创新等方面的系统结合，完成了高档干红葡萄酒的研制和生产。2005年，"长城庄园模式的创建及庄园葡萄酒关键技术的研究与应用"项目获得国家科技进步二等奖，该课题探索研究出了高档葡萄酒科学完整的工艺技术路线，研制开发出了长城庄园系列高档葡萄酒，多项技术填补了国内空白。

国家有关部门加强了相关标准和规章的修订与制定，2006年颁布了国家标准GB 15037—2006《葡萄酒》（2017年更改为GB/T 15037—2006）。该标准是目前中国关于葡萄酒质量的最高标准，同时颁布了GB/T 15038—2006《葡萄酒、果酒通用分析方法》。新标准的贯彻实施，规范了我国葡萄酒行业的生产和经营，并引领了我国葡萄酒行业向正确的方向发展。目前，中国葡萄酒产业已形成了从土地到餐桌的完整的产业链条，相关技术成果"中国葡萄酒产业链关键技术创新与应用"荣获2016年度国家科学技术进步奖二等奖。

近年来，随着消费者对可持续发展意识的觉醒和对风土葡萄酒的需求，自然葡萄酒为葡萄酒产业未来的发展提供了机遇。微生物群是葡萄栽培和葡萄酒酿造不可或缺的组成部分，各种微生物可以对葡萄健康和葡萄酒品质产生积极或消极的影响。与葡萄园相关的微生物群落在土壤生产力和葡萄的抗病能力中起着重要作用。葡萄酒是一种发酵的天然产物，葡萄园是调节质量的微生物群的关键入口，特别是在没有添加外源酵母的葡萄酒发酵过程中。因此，葡萄园中与葡萄酒相关的微生物群落的来源和持久性在很大程度上影响葡萄酒的质量和风土的表达。研究发现极简化生态栽培提高了微生物多样性，增强葡萄园的生态服务功能并减少了外部投入；健康平衡的葡萄浆果天然地拥有葡萄酒酿造的所有要素，包括微生物生长的营养物质、微生物群落在葡萄生长和葡萄酒酿造过程中接力的驱动力和生物化学反应的酶系统。在上述研究结果的基础上，我国构建推广了安全、稳定、生态化的极简化自然葡萄酒工艺体系。

五、葡萄酒辅料趋势

葡萄酒辅料是一类用以稳定和提高葡萄酒品质的天然或人工合成的物质，常用的葡萄酒辅料包括偏重亚硫酸钾、活性干酵母、果胶酶、酵母多糖、发酵助剂、过滤助剂、陈酿处理剂、稳定剂等，各种辅料的具体作用见表4-1。

表4-1 葡萄酒辅料及作用

名称	作用
偏重亚硫酸钾	抗氧化、杀菌、澄清、增酸、溶解等
酿酒活性干酵母	发酵
果胶酶	澄清、浸提
酵母细胞壁	吸附、促进发酵、改善酒质等
甘露糖蛋白	稳定色素、改善口感等
聚乙烯吡咯烷酮（PVP）	澄清剂（白葡萄酒）
膨润土	澄清剂
明胶	澄清剂
鱼胶	澄清剂
酪蛋白	澄清剂
活性炭	吸附、澄清
橡木片	增香、稳定颜色、改善口感等
单宁	护色、澄清、抗氧化、改善口感等
酒石酸	增酸
乳酸菌	降酸、改善口感等
山梨酸	防腐
D-异抗坏血酸	抗氧化

随着葡萄酒辅料在葡萄酒酿造过程中的使用越来越广泛，葡萄酒辅料市场发展也呈现出一些新趋势。

（一）本土化

尽管国内的酿酒辅料市场仍以进口为主，尤其是欧洲产品占国内市场的一半以上，但是国内酿酒辅料企业采取差异化发展战略，精准定位中国葡萄酒生产，进行产品本土化，取得了良好的成绩。以国内酵母龙头企业安琪酵母来说，其在宜昌设有技术中心，并与众多高校、科研院所合作，研发本土化酵母。此外，西北农林科技大学葡萄酒学院开发出系列本土优良菌种近30株，并与安琪酵母合作将CEC01和CECA两个本土优良葡萄酒酵母菌种投入产业化应用。2022年，由刘延琳教授主持的"中国本土葡萄酒酵母种质资源创新与产业化应用"成果通过鉴定,实现了中国葡萄酒酵母"从0到1"的突破。

(二)有机化

随着消费者健康意识的不断增加,酿酒辅料呈现了一种新的发展趋势——有机辅料,在世界范围内越来越多的生产商开始注重有机辅料的生产和研发。这些有机辅料均以纯天然原料为主,如安琪公司已经形成了除葡萄酒酵母以外的发酵营养剂、甘露糖蛋白、酵母细胞壁等葡萄酒发酵应用系列产品。这些产品能很好地辅助酿酒师在发酵过程中合理调配平衡酵母营养,保持发酵度、质量及风味的最优化;提高葡萄酒中甘露糖蛋白的含量以改善葡萄酒的结构和口感,从而有效提升葡萄酒的品质。

(三)多样化

国内葡萄酒产区众多,企业生产葡萄酒类型也多种多样,产品定位也各不相同,但市场对优质酒的需求在不断增加,这对酿造工艺提出了更高的要求,尤其是在酿酒辅料的使用上要更加精准地把握。这就要求酿酒辅料生产商要紧跟市场需求,开发出更多适应市场需求的辅料产品。

(四)专业化

酿酒辅料是一个非常小众的行业,市场竞争非常激烈,竞争对手相互压低价格是常事。为了留住客户,不少酿酒辅料生产商及代理商常会为客户提供专业化的定制服务,尤其是提供一站式的辅料解决方案,为客户选配适宜的酿酒辅料产品组合,协助客户生产优质葡萄酒。

总之,葡萄与葡萄酒的微生物组是自然葡萄酒研究的基础,未来葡萄园的研究将会集中在土壤—葡萄植株—微生物系统功能及其调控,利用高通量测序和组学技术,深度挖掘葡萄园微生物组资源,定向调控微生物组功能,进一步提高土壤肥力,促进葡萄生长,提高其抗逆性,优化生态系统服务;未来也会加强对葡萄醪(汁)/葡萄酒微生物群落相关功能以及生物反应过程的研究,探究每个物种的基因组功能和调控元件对葡萄酒品质的影响。此外,还需要进行广泛的跨学科合作,比如生物传感器在葡萄园和发酵容器中的使用,将所有过程数据化,使用统计数据挖掘和机器学习工具来开发大数据库,以整体系统生物学的角度解决葡萄酒行业在可持续发展中面临的挑战。

第二节　中国葡萄酒行业发展趋势

葡萄酒产业的快速发展和社会经济发展密不可分。近年来，我国葡萄酒行业在生产方式、市场发展模式、葡萄酒人才培养及社会化服务等方面取得了很多成绩，同时也发生了深刻的变化，一些新业态如"葡萄酒+数字化""葡萄酒+文旅"等层出不穷，积极推动着我国葡萄酒行业的变革。

一、中国葡萄酒行业生产发展趋势分析

（一）葡萄酒农业产业化联合体新模式

2017年10月，农业部、国家发展改革委、财政部、国土资源部、人民银行、国家税务总局联合印发《关于促进农业产业化联合体发展的指导意见》，指出农业产业化联合体是龙头企业、农民合作社和家庭农场等新型农业经营主体以分工协作为前提，以规模经营为依托，以利益联结为纽带的一体化农业经营组织联盟。2018年3月，农业部办公厅、国家农业综合开发办公室、中国农业银行办公室联合印发了《关于开展农业产业化联合体支持政策创新试点工作的通知》。据不完全统计，在葡萄酒行业，中国长城葡萄酒产业联合体、昌黎华夏酒葡萄产业联合体为河北省省级示范农业产业化联合体，山西戎子酒庄酿酒葡萄农业产业化联合体被确定为山西省2021年度农业产业化省级示范联合体，山东德州奥德曼葡萄酒庄被评为山东省农业产业化示范联合体。这些省级葡萄酒农业产业化联合体大都采用"龙头企业+合作社+家庭农场"的组织模式，在龙头企业带动下，新型农业经营主体发挥各自的优势，分工协作，要素融通，优势互补，合作共赢。在平等、自愿、互惠互利的原则下，制订共同遵守的章程，明确权利、责任和义务，推动联合体一体化发展，促进产业增值、农业增效、农民增收。

（二）中国葡萄酒产业链主要发展模式

葡萄酒产业链链条较长，涵盖了"从土地到餐桌"的葡萄种植、葡萄酒加工、包装、运输、销售、文化推广、旅游等环节。由此可见，葡萄酒产业链先天性地融合了一、二、三产业。国内多数酒庄依靠葡萄酒产业链优势，围绕种植、加工、营销、旅游等中心环节，采用一、二、三产业融合发展模式。在产业链的上游，多数公司一般采用"公司+基地+农户"的发展思路，在保障原料供给的同时，带动农户增产增收。在产业链的中游，核心是葡萄酒加工，包括酿酒葡萄的除梗破碎、发酵、过滤、除菌、灌装等，是整个产业链技术要求最高的阶段，也是实现原料到消费品价值增值的关键环节。产业链的下游，则主要涉及葡萄酒销售、文化旅游等环节。通过全产业链融合发展模式，推动了葡萄酒产业向经济、社会、生态效益有机结合的多赢产业发展，有力地促进了农业增效、农民增收、企业增利。

（三）中国葡萄酒产业数字化发展趋势

产业数字化是数字经济的重要组成部分，是数字技术与实体经济深度融合的主战场，也是供给侧结构性改革的重要方面。中国葡萄酒行业引入数字化技术可分为三个阶段：第一阶段是信息化管理系统应用，第二阶段是数据数字化和信息共享，第三阶段是葡萄酒全产业链数字化的转型。随着信息化技术的发展，目前，在葡萄种植、葡萄酒酿造、葡萄酒营销环节都有数字化的广泛运用，为产业转型升级注入了新动能。但是，目前在葡萄酒产业数字化方面还存在诸多不足。例如，产业数字化人才短缺、产业链数字化协同性差、数字化功能发挥不足、数字化掌握力度薄弱等。未来，葡萄酒产业数字化必将进一步发展完善，且将呈现以下趋势：

一是强化产业数字化基础设施建设。政府、企业等将会积极推动5G、云服务、物联网基础传感器、区块链技术等数字化技术设施建设，全力推动数字化赋能产业发展。

二是葡萄酒全产业链数字化运用更加协同。以数字化平台为基础，在种植环节，通过人工智能技术，实现光照、温度、水分、湿度等实时监测，并结合葡萄生长所需,进行智能化修剪、灌溉、施肥、喷药等农事操作。在葡萄酒生产环节,通过酿酒信息管理系统,将葡萄压榨、发酵、监控、过滤、除菌、储存、冷冻、调配、灌装、仓储等各环节纳入其中,并以数字化形式呈现。在营销环节,结合区块链和数字化溯源技术,实现库存和销量的动态监控,并为消费者提供产地、生产、仓储、运输、消费等多环节的质量追溯服务。最后,将上述主要环节全部纳入企业的葡萄酒全产业链管理系统,实现种植、加工、营销等环节的相互贯通,推动采购、生产、销售供应链等多个模块的无缝对接,推动产业发展的数字化转型升级。

二、中国葡萄酒行业产学研融合发展趋势分析

(一)中国葡萄酒高等教育的发展历程与趋势

我国拥有悠久的葡萄酒历史,但是长期以来葡萄与葡萄酒科技落后和人才匮乏造成了我国葡萄酒产业发展缓慢,与世界葡萄酒发达国家相比,无论是产业、产品还是品牌建设均比较落后,很难参与到世界葡萄酒的舞台中。这种困境直到20世纪80年代中叶才有所好转,我国开展了葡萄与葡萄酒人才培养和学科建设,加上国家改革开放政策的推进,中国的葡萄酒产业和人才培养也进入快速发展阶段。目前中国已成为世界重要的葡萄酒生产和消费大国,全国主要产区的高等院校相继开设了葡萄与葡萄酒工程专业或专业方向,并逐渐建立了中国特色的葡萄酒高等教育体系。

1. 我国葡萄与葡萄酒工程专业沿革

20世纪80年代,我国现代葡萄酒产业开始进入起步阶段,对葡萄酒专业技术人才的需求与日俱增。1985年,原西北农业大学在国内创建了"葡萄栽培与酿酒"专业,并于1994年正式成立西北农业大学葡萄酒学院,果树专业(葡萄与葡萄酒方向)也于同年开始招生,1997年改为发酵工程专业(葡萄与葡萄酒方向)招生。1999年后,先后以生物工程(葡萄与葡萄酒方向)和酿酒工程专业招生。直到2003年,葡萄与葡萄酒工程专业正式进入教育部普通高等学校本科专业目录,旨在培养大量掌握葡萄种植和葡萄酒营销基本知识、精于葡萄酒

酿造的酿酒师，为我国葡萄酒产业的快速发展提供酿造人才与技术保障。

2005年以后，随着我国葡萄酒产业的进一步发展壮大，对葡萄酒专业技术人才的需求越来越大。各个葡萄酒主产区所在地高校纷纷开设葡萄与葡萄酒工程专业或者专业方向，为本地葡萄酒产业发展提供人才支撑。中国农业大学自2005年开始以食品科学与工程大类招生，学生前两年学完基础课后进行专业分流，可选择就读葡萄与葡萄酒工程专业，目前每年毕业人数约20人。位于山东产区的山东农业大学和青岛农业大学分别于2006年和2012年开始招收葡萄与葡萄酒工程专业本科生，每届招生50~60人。目前两所高校为山东及周边产区培养了大量葡萄酒专业技术人才。宁夏大学立足宁夏贺兰山东麓产区发展的需求，于2013年成立了葡萄酒学院（现已改为食品与葡萄酒学院），每年招收本科生90人，并与国外多所高校采取"2.5+1.5"（双学历）、"2+2"（双学历）、"3+1+1.5"（本科学历+研究生学历）和"2+1+1"（访学）等模式联合培养葡萄种植、葡萄酒酿造、市场营销和文化旅游等方面具有国际视野的葡萄酒专业技术人才。地处新疆产区的新疆农业大学、石河子大学也分别于2015年和2016年开设了葡萄与葡萄酒工程专业，尽管招生规模不大（30~40人/年），但已经为该产区培养了一批技术骨干。此外，其他高校如甘肃农业大学、大连工业大学、云南农业大学等也纷纷开设了葡萄与葡萄酒工程专业或专业方向，具体见表4-2。

表4-2　中国设立葡萄与葡萄酒工程专业或葡萄酒学院的高校

序号	高校	学院或专业	设立年份	备注
1	西北农林科技大学	葡萄栽培与酿酒 葡萄酒学院 葡萄与葡萄酒工程	1985 1994 2003	
2	河北科技师范学院	酿酒工程 （葡萄酒方向）	2002	2017年改为食品科技学院暨葡萄酒学院
3	中国农业大学	葡萄与葡萄酒工程	2005	
4	山东农业大学	葡萄与葡萄酒工程	2006	
5	楚雄师范学院	葡萄与葡萄酒工程	2010	
6	河西学院	葡萄与葡萄酒工程	2011	

续表

序号	高校	学院或专业	设立年份	备注
7	鲁东大学	葡萄与葡萄酒工程（中意合作）	2021	
8	烟台科技学院	葡萄酒学院（原蓬莱葡萄酒学院）	2011	学校前身为2005年创建的济南大学泉城学院，2021年更名为烟台科技学院
9	青岛农业大学	葡萄与葡萄酒工程	2012	
10	甘肃农业大学	葡萄与葡萄酒工程	2012	
11	宁夏大学	葡萄酒学院	2013	现改为食品与葡萄酒学院
12	山西农业大学	葡萄与葡萄酒工程	2013	
13	沈阳药科大学	葡萄与葡萄酒工程	2013	
14	泰山学院	葡萄与葡萄酒工程	2013	
15	大连工业大学	葡萄与葡萄酒工程	2014	
16	北方民族大学	生物工程（葡萄与葡萄酒工程方向）	2014	
17	新疆农业大学	葡萄与葡萄酒工程	2015	
18	石河子大学	葡萄与葡萄酒工程	2016	
19	云南农业大学	葡萄与葡萄酒工程	2016	
20	茅台学院	葡萄与葡萄酒工程	2017	
21	齐鲁工业大学	葡萄与葡萄酒工程	2020	

可见，我国近40年的葡萄酒相关专业建设和发展的过程，尽管充满了曲折艰辛，但却一直在努力走出一条为我国开创现代葡萄酒产业并促进其蓬勃发展的专业发展之路。目前我国已经有21所本科高校开设了葡萄酒相关的专业，部分职业院校如深圳职业技术学院也开设了葡萄酒文化与营销和葡萄酒管理方向。全国每年招生规模约为1000人，基本形成了我国现代葡萄酒专业高等教育的格局。近几年，受我国葡萄酒产业发展下滑和学生就业压力的影响，部分高校对招生规模进行了调减，或者通过增设中外合作办学项目、联合培养等方式拓宽人才培养渠道。

2. 我国葡萄与葡萄酒工程学科的发展

中华人民共和国成立后，我国高等教育体系的构建主要参照苏联的模式，采用垂直分科方式设置学科和专业。这种分科模式下，对于葡萄酒产业而言，葡萄种植属于园艺学院的果树专业，葡萄酒酿造属于轻工学院的发酵专业，葡萄酒工程属于机械学院的化工或发酵工程专业，葡萄酒经营管理则属于商学院的市场营销专业。因此，培养的人才只具备葡萄、葡萄酒、葡萄酒工程和葡萄酒市场中某一方面的知识，无法满足"三产"融合型葡萄酒产业对全产业链复合型知识体系的需求。

和其他食品产业相比，葡萄酒产业具有明显的特殊性。国际上通用的优质葡萄酒的生产经营系统主要由原料基地、葡萄酒酿造和市场营销三个部分组成。原料基地包括生态、品种、栽培管理、农业机械、病虫防治等要素；葡萄酒酿造包括酿酒工艺、贮藏管理、质量控制等环节；市场营销则包括形象设计、广告宣传、营销策划及葡萄酒运输管理等方面。可见，要实现整个产业系统的良性运转，就需要构建葡萄酒全程产业技术体系。这就对葡萄与葡萄酒工程学科的建设提出了相应的要求。

为此，西北农林科技大学葡萄酒学院率先在全国进行了探索。学院创始人李华结合我国葡萄酒产业发展实际，提出了以最终产品即葡萄酒为目标的水平分科方法，并创建了以葡萄学为基础、葡萄酒学为核心、葡萄酒工程学为手段、葡萄酒市场学为导向，多学科交叉为手段，产、学、研紧密结合为保障的葡萄与葡萄酒工程学科理论体系。相应地，学院分别于1997年和2003年获批发酵工程硕士学位和葡萄与葡萄酒学博士学位授予权，截至2021年已培养400余名硕博士研究生。2021年，学院正式获批生物与医药（葡萄酒方向）专业学位博士点，开始培养我国葡萄酒领域的专业学位博士研究生。

同时，其他开设有葡萄与葡萄酒工程专业的高校也纷纷结合学校定位、区位优势创建了自己的葡萄与葡萄酒工程学科，培养葡萄酒领域高级人才，支撑葡萄与葡萄酒学研究。部分高校由于没有葡萄与葡萄酒学硕士或者博士学位授权点，大部分放在食品科学与工程等一级学科下以发酵工程、食品科学与工程（葡萄酒方向）等专业招生。如中国农业大学在食品科学与营养工程学院以食品科学与工程专业招收葡萄与葡萄酒方向的硕博士研究生，宁夏大学在食品与葡萄酒学院的食品科学与工程一级硕士学位点下以葡萄与葡萄酒学（酿造方向）招生。山东农业大学则于2003年在园艺学一级学科下自主设置葡萄与葡萄酒学二级学科并招收研究生。据不完全统计，目前全国葡萄与葡萄酒工程学科硕博士研究生的招生规模约为200人/年。

综上，目前我国已形成涵盖专业学位硕士、学术学位硕士、专业学位博士和学术学位博士的葡萄酒领域研究生教育体系和学科体系，形成了具有中国特色、本硕博贯通的葡萄与葡萄酒工程学科品牌，基本建成了"面向产业、注重全面、突出实践、本研贯通"的中国葡萄与葡萄酒工程人才培养模式。我国葡萄与葡萄酒工程学科的创建与发展，为我国葡萄酒高等教育、科学研究、社会服务等提供了强有力的高层次人才保障，推进了我国现代葡萄酒产业的快速发展。

3. 推进中国葡萄酒高等教育改革

（1）适度调减专业招生规模，加强人才分类培养

经过近40年的专业发展，我国建立了较为完备的葡萄酒高等教育本、硕、博教育体系，葡萄酒人才培养规模也跃居世界第一，为我国现代葡萄酒产业的快速发展提供了强有力的人才和技术支撑。但是，近年来受气候环境变化、欧美后金融危机及全球葡萄酒产能过剩的影响，我国葡萄酒行业的发展出现了明显下滑的趋势，葡萄酒产量急剧下降，行业比较效益不突出。再加上毕业生就业观也发生了一定的变化，这就导致了各个高校葡萄酒专业出现高考报考热度下降、转专业比例增加和就业质量降低等问题。

为了应对上述问题，各个高校应根据产业对人才的实际需求和学校定位，适度调减专业招生规模，统筹职业教育、本科教育、继续教育协同创新，并在进一步传承和强化专业特色的基础上不断优化培养方案，推进创新型、复合型、应用型人才分类培养，拓展葡萄酒文旅、产业管理等新的就业形态。此外，各高校结合葡萄与葡萄酒工程本科专业和葡萄与葡萄酒学研究生专业实践性、应用性强的特点，充分利用国家大力发展专业硕士的机遇，加强专业硕士和专业博士的培养，从而为我国葡萄酒产业培养更多高层次的应用型人才。

(2）推进工程教育认证

我国的葡萄与葡萄酒工程专业属于工科教育,旨在培养葡萄酒领域的工程技术人才。在新工科背景下,工程教育认证是目前国际通行的工程教育质量保证制度,也是实现工程教育国际互认的重要基础,其核心教育理念包括成果导向、以学生为中心和持续改进。因此,利用工程教育认证的机会持续改进人才培养机制,不断提升工程技术人才培养质量是工科专业较为普遍的共识,也是为我国提供大量高素质葡萄酒技术人才的重要保障手段。尽管如此,目前我国还没有高校通过葡萄与葡萄酒工程教育认证,因此各葡萄与葡萄酒工程专业建设点积极开展工程教育认证具有非常重要的必要性和紧迫性。具体而言,各高校需要按照工程教育认证要求,结合葡萄与葡萄酒工程专业农、工、商多学科交叉的特点,积极挖掘本专业在工程教育方面的特点和优势,坚持以学生为中心,不断优化培养方案,持续改进培养机制。目前西北农林科技大学、宁夏大学等学校已经开展了相关工作,积极申请工程教育认证。

（二）依托现代产业学院推进葡萄酒行业产教融合和科教融汇

葡萄酒是典型的三产融合发展型产业,葡萄与葡萄酒工程也是多学科交叉、产学研紧密结合的专业。当前,我国葡萄酒产业正值转型升级、参与全球竞争的关键时期,高素质应用型领军人才十分紧缺,采用现代产业学院的模式为葡萄酒产业培养高级专门人才迫在眉睫。

2021年,教育部和工信部联合立项建设50个首批国家现代产业学院,西北农林科技大学葡萄酒现代产业学院位列其中。葡萄酒现代产业学院的核心任务是进一步引领中国葡萄酒产业可持续高质量发展。这也是它和传统的葡萄酒学院不同的地方,引领即意味着系统梳理目前全产业链中每一个环节限制中国葡萄酒产业可持续高质量发展的技术问题,并通过解决这些技术问题促进产业技术革新,培养全产业链高素质实用型人才,引领产业的可持续高质量发展。

葡萄酒现代产业学院利用现有的科技成果,通过集成创新,解决产业链每个环节上的"卡脖子"技术难题,进而促进并且引领产业的发展。在解决技术问题的同时，把解决不了的科学问题交给传统葡萄酒学院去解决。解决这些科学问题后，再把它变成技术问题交给现代产业学院去解决，这样才能使现代产业学院和传统学院相互促进、相互依托、各司其职、各取所长，让传统学院去"顶天"，现代产业学院去"立地"，共同推进我国葡萄酒产业的发展。

因此，和全国其他葡萄酒现代产业学院一样，西北农林科技大学葡萄酒现代产业学院将以服务全国葡萄酒主产区区域经济社会发展为指导，按照"从土地到餐桌"葡萄酒全产业链、多学科交叉融合、政产学研协同创新的模式，培养具有家国情怀、产业情结、国际视野，熟悉葡萄种植、精于葡萄酒酿造、洞悉产业发展规律的高素质人才。他们在毕业5~8年后能成长为葡萄酒行业的领军人才，能够支撑和引领中国葡萄酒产业的发展。

具体而言，一是葡萄酒现代产业学院按照"产教融合、专业对接、课程衔接"的思路开展学历教育，制订招生计划、培养方案、教学计划、创新课程、教学内容、考核评价体系，共同开展教材、课程等教学资源建设。单独制订新的培养方案及教学计划，采用"3+1"校企联合培养的模式，着力培养葡萄酒产业发展亟须的酒庄管理师、酿酒师、营销师、品鉴师等技术型人才。二是葡萄酒现代产业学院以行业发展需求为核心，整合社会资源，以葡萄酒从业者、爱好者、消费者为主要群体，以中国葡萄酒课程为主干培训内容，构建高水平从土地到餐桌非学历教育社会培训体系，着力扩大中国葡萄酒在我国葡萄酒市场中的影响力。同时，通过葡萄酒现代产业学院理事单位共建共享各类生产性实训基地，提供大学生社会实践实习岗位和创新创业锻炼机会。三是整合理事单位、主管政府部门、行业企业等多方资源，发挥学校人才和科技优势，开展项目联合攻关、产品技术研发、成果转化、项目孵化等，大力推动产教融合、科教融汇。以科研促教学、带产业，把产业发展中的问题及时凝练为学院科研攻关方向，将研究成果及时引入教学过程，应用于生产经营，形成产学研合作良性循环互动。

（三）展望

目前，我国已经建立了较为完善的葡萄与葡萄酒工程专业和葡萄与葡萄酒工程学科体系，正在开展新工科建设、工程教育认证和葡萄酒现代产业学院建设，但是这仅满足了我国葡萄酒高等教育对学历教育的需求，而面向广大消费者、葡萄酒爱好者的中国葡萄酒社会化教育体系还没有完全形成。目前国内针对消费者培育及职业化教育的葡萄酒课程几乎都是从国外引进的，这就迫切要求我们根据国情建设更加完善的中国葡萄酒社会教育体系。

三、中国葡萄酒行业市场发展趋势分析

（一）中国葡萄酒市场营销的创新趋势

近年来，受疫情防控及其他外界环境因素的影响，中国葡萄酒市场持续低迷。统计数据显示，自2018年以来中国葡萄酒消费量连续下降。但长期来看，由于居民收入的不断提高及个人消费崛起的驱动，中国葡萄酒市场必将进入高速发展期。当前，中国葡萄酒市场数字化营销特点十分明显，基于数字化技术，营造消费者体验场景，服务消费。在产品定位领域，更加注重深层细分、个性化定制。众多酒企瞄准市场消费需求升级，采用创新营销模式，吸引更多的消费者。今后，我国葡萄酒市场营销方面的创新将有以下趋势。

1. 数字化引领

随着数字经济的不断深化，数字化也成了全社会各行各业的发展趋势，在葡萄酒营销行业也不例外。随着消费多元化及人力资源成本的上升，过去利用人员深度营销的模式难以为继，而通过数字化赋能传统渠道已成为行业的共识。通过数字化升级，能够有效提升葡萄酒营销的运营效率，实时反馈数据，辅助决策部门及人员进行决策分析。利用数字化技术，还能够实现数据链100%自主掌控，构建营销数据链闭环，提高运营质量。借助数字化平台，可以实现消费端与供给端的直接对接，扩大营销的覆盖面。根据数字化的即时监控功能，能够有效解决渠道管理与消费者管理衔接之间的难题，有助于企业产品、价格、渠道、促销策略的制定和市场秩序的维护。

2. 品牌化经营

众所周知，品牌能够为产品带来高额溢价。品牌作为企业的形象代言人，

能够向消费者传递一种独特的消费观念和生活方式，带给消费者好的价值体验和情感体验，使消费者通过购买特定品牌的产品彰显自身消费倾向和审美逻辑。企业要基于消费者需求，做好自身产品定位，打造高质量产品品质，讲好企业产品故事，树立良好的品牌形象。

3. 线上线下组合营销

随着移动互联网终端的迅速普及，我国线上购物量呈现爆发式增长，越来越多的交易是在线上完成的。因此，许多企业开始主动尝试线上线下组合营销。这种营销组合，一方面可以利用互联网平台，获取更多受众；另一方面，线上的营销导流可以促进线下业务的拓展。此外，线上线下组合营销模式可以发挥优势互补、供应链共享、降低营销成本、精准营销等优势，提高产品的知名度，统一市场价格，增强用户黏性，扩大市场份额。

4. 跨界营销

随着市场竞争的日趋激烈，营销模式的创新成为葡萄酒企业不得不思考的问题。基于行业与行业相互渗透与融合的实际。近年来，跨界营销成为葡萄酒行业营销创新的新方向。跨界营销要求葡萄酒企业打破传统的思维定式，不再据守自身的"一亩三分地"，敢于跳出行业圈子，需求非业内的合作伙伴，发挥不同类别品牌之间的协同效用，为消费者提供不同的品牌体验。通过跨界营销，拓宽营销渠道，丰富品牌内涵，获取更多的流量。企业在进行跨界营销时需要注意的是，在合作伙伴选择上，要寻找那些具有相同或相似消费群体的品牌。另外，企业要有自己的产品故事，能够引起消费者的情感共鸣，并与合作品牌产生情感交融。只有这样，跨界营销才能取得预期效果。

5. 新媒体营销

近年来，随着抖音、微信、微博等新媒体平台的出现，葡萄酒营销也逐渐开始借助这些新媒体平台进行发力。不少企业都开通了自己的新媒体平台，通过短视频或者直播带货进行营销，为企业产品营销开辟了新的赛道。

（二）中国葡萄酒电商发展趋势

我国葡萄酒电子商务起步于2008年，经过多年的发展，现已日臻成熟。这种便捷的购物方式吸引了越来越多的消费者，也推动了传统酒企主动触网营销。电商的发展无疑改变了葡萄酒的营销方式，借助其高效、便利的优势，葡萄酒电商发展势头迅猛，未来还将有更大的空间。综合目前葡萄酒电商市场来看，未来的发展趋势如下：

综合与垂直电商平台并驾齐驱。目前来看，大部分葡萄酒主要通过国内主流综合电商平台进行销售，如淘宝、京东、天猫、拼多多等。这类电商平台主要针对的是大众消费者，这类消费者对葡萄酒知识了解并不深入。还有一类专业酒类垂直电商平台，如1919酒类直供、挖酒网、酒仙网等，这类电商平台面对的是具备一定葡萄酒知识的葡萄酒消费者。两类电商平台的葡萄酒消费客户有所差异，因此未来也将长期并存发展。

跨境电商将持续发展。伴随着中国经济的转型与海外消费需求的升级，跨境电商应运而生。2016年4月8日，国家公布的《跨境电子商务零售进口商品清单》以及《跨境电子商务零售进口商品清单（第二批）》中，第263号商品为"小包装的鲜葡萄酿造的酒"，这是葡萄酒被首次纳入跨境电商进口渠道范畴，众多电商平台也纷纷涉足葡萄酒跨境贸易。消费者可以在相关电商平台上购买通过跨境电商报税模式和直邮进口的葡萄酒，跨境电商不仅可以为消费者提供正品货源保障，而且对中高端葡萄酒还有着较大的价格优势。这对资深的葡萄酒爱好者以及有个性化需求的饮用者有着较大的吸引力，这些消费者也是涉足葡萄酒跨境电商平台的目标群体之一。

（三）中国葡萄酒文旅发展趋势

葡萄酒文化旅游是实现葡萄酒产业一、二、三产业高度融合的重要途径，也是助推葡萄酒产业转型升级的有力抓手。虽然国内葡萄酒文化旅游产业起步较晚，但是发展相对较快。目前，宁夏贺兰山东麓、烟台等葡萄酒产区的葡萄酒文化旅游已开展多年，取得了丰富的实践经验，起到了良好的葡萄酒文化旅游产业示范效应。未来中国葡萄酒文化旅游发展趋势如下。

1. 集群化发展，多产业融合

现有的葡萄酒文化旅游产业模式较为单一，大多停留在游览观光、葡萄酒品鉴、娱乐购物等，导致同质化严重、产业规模小、衍生品不足、性价比不高、盈利能力不强等问题，大大限制了葡萄酒文化旅游产业的进一步发展。目前，不少运营主体都在实施葡萄酒文旅产业升级，包括深度挖掘葡萄酒文化内涵、整合优势旅游资源、打造葡萄酒文化旅游集聚区、开发葡萄酒特色旅游新产品等。目的是基于葡萄酒文化，整合周边旅游资源，开发文化博览游、商务休闲游、康养健康游、美丽乡村游、工业研学游等新旅游模式，实现产业集群化发展，打造全新的葡萄酒文化旅游产业形态。

2. 多主体参与，全社会共享

由于葡萄酒文化旅游涉及的产业链长、覆盖面广、资源分布散、资金规模大，因此，单靠某个企业来运行往往达不到预期效果。这就需要积极倡导地方政府牵头，做好顶层设计，完善基础设施建设，整合多方资源，推动企业、社区、居民、工人、农民、游客等利益相关主体共同参与建设，责任各方共担、成果各方共享，打造利益共同体。同时，将葡萄酒文化旅游产业与乡村振兴紧密结合起来，促进两者共同发展。

3. 借助高科技，实现智能化

为了给游客提供更好的体验，葡萄酒文化旅游信息化、智能化是未来发展的趋势。借助现代信息技术和数字化技术，利用"虚拟—现实"叠加的AR和VR技术，为游客提供葡萄种植、葡萄酒酿造，葡萄酒历史文化、历史遗产、人文景观等的形成与演化过程的体验，达到让游客跨时空体验的目的，增强游客的获得感。利用5G与AI等技术，开展游客自助游、电子导航、智能购物、在线求助、智慧交通、自动统计、智慧监控等旅游服务。此外，利用3D打印技术，开发与主题旅游相关的精美产品，提升产业附加值。

第三节　中国葡萄酒行业供需预测

自2014年以来，我国葡萄酒行业表现持续低迷。尽管如此，随着全球经济不断好转,加上我国人口众多和葡萄酒文化普及程度越来越高,中产阶级规模的扩大和新兴年轻葡萄酒消费群体的出现,国产葡萄酒的消费需求将持续增加,这是我国葡萄酒产业发展的自信所在。

一、中国葡萄酒供给预测

近年来,国内葡萄酒生产和消费持续下跌。2018年进口酒占据国内消费市场一半以上的份额,对国产葡萄酒也造成了一定的冲击,国内葡萄酒行业进入了深度调整期。根据中国酒业协会发布的数据,2021年全国规模以上企业完成葡萄酒产量2.68亿升,同比下降29.08%,这是继2012年国产葡萄酒产量达到13.80亿升的创纪录高点之后,连续下降的第九个年头。国家统计局的数据显示,2022年,全国规模以上葡萄酒生产企业葡萄酒产量2.14亿升,同比下降24.15%。国内葡萄酒生产和消费持续下跌的原因,一是2012年中央出台了"八项规定",促进非理性消费向理性消费转变,整体上进入消费心理调整期,其结果是葡萄酒市场逐渐趋于成熟,国产葡萄酒价格更加亲民;二是在国家高质量发展战略的引导下,中国葡萄酒产业开始从数量向质量转变,国产葡萄酒质量不断提高,进入质量提升期;三是近3年,聚餐和商务活动减少,经济下滑,直接影响消费者对葡萄酒的消费,进入市场的遇冷期。但是在此背景下,中国葡萄酒结构性调整取得了良好的结果,葡萄酒质量被国内外市场认可,国产葡萄酒逆势全球化发展。如2020年以来,宁夏贺兰山东麓葡萄酒持续出口法国、德国、英国、美国、比利时、澳大利亚等20多个国家。

随着中国经济的稳定复苏,乡村振兴战略的推进,家庭消费和电子商务的持续增长,必将促进葡萄酒供给量大幅增长。葡萄酒产品也会更加多样化,气泡酒消费也将持续增长;马瑟兰、小芒森、马尔贝克、丹魄等小众品种在我国部分产区表现较好,将为消费者提供更多的选择。产区葡萄酒市场也逐渐崭露头角,产区地方接待和礼品市场快速助推产区葡萄酒的消费,带动当地葡萄酒产业的发展,提供更优质多样的产品。

总之,葡萄酒供给的拐点已到,未来10年国产葡萄酒供给总体呈韧性增长的趋势。经过10年供给侧结构性调整的中国葡萄酒产业，必将以更加昂扬的姿态屹立于世界葡萄酒之林。

二、中国葡萄酒需求预测

2021年，我国人均葡萄酒消费量仅为0.74升，只有世界人均葡萄酒消费量（2.99升）的四分之一。随着我国消费结构的升级，葡萄酒的固定消费人群已不再限于中产阶级和高端人士，葡萄酒逐渐走入寻常百姓家。国内不仅有4亿中等收入群体，还有具有个性化、时尚化、多元化偏好的90后和00后年轻的葡萄酒消费或潜在消费群体，中国葡萄酒市场扩容机会和市场潜力逐步显现。同时，随着人们可支配收入逐步增加，消费逐渐转向追求高品质的生活方式，葡萄酒成为健康优先选项。随着国民经济的持续复苏，葡萄酒作为国际化交流的媒介作用将得到更大的发挥，国际商务将催生葡萄酒新的需求空间。

随着中国葡萄酒消费者逐渐增加和成熟，消费者对于葡萄酒的需求将会呈现更加多元化的趋势，对于葡萄酒外部属性的偏好呈现包装小型化、消费随意化及价格偏好场景化的特点，销售渠道的便利性、品类多样性和质量可靠性是影响消费者选择的主要因素。未来葡萄酒的价格亲民性、包装便捷性、消费体验性也将快速增加，以适应葡萄酒消费趋势的变化。

此外，葡萄酒内需的增加也反过来促进我国葡萄酒供给侧的改革，例如酒种更加多元化、葡萄酒风格更加突出、葡萄酒质量总体水平提高等。

总之，随着生活水平的提高及消费观念的转变，人们逐渐转向追求高品质的生活方式，再加上人们收入水平及消费群体的不断增加，中国葡萄酒消费市场潜力巨大。

第五章 CHAPTER 5

中国葡萄酒行业发展路径及投资建议

葡萄酒产业是一、二、三产业高度融合的第六产业，"十一五""十二五""十三五"期间，在国家精准扶贫战略中发挥了重要的产业力量。"十四五"规划以来，以我国乡村振兴战略为中心，按照中国经济高质量发展的总体要求，充分发挥一、二、三产业高度融合的产业特点，遵循"强化风格、提高质量、降低成本、节能减排"的十六字方针，推动产业可持续高质量发展，朝着世界葡萄酒强国目标迈进。

第一节 葡萄酒行业发展战略分析

一、我国葡萄酒产业发展的"十六字"方针

"强化风格、提高质量、降低成本、节能减排"是经过40多年的科研、教育实践总结出来的、符合中国特色社会主义现代化的葡萄酒产业发展十六字方针。

葡萄酒是人与自然融合的结晶，凡是人类生存的地方，加以适合的自然条件，就可以种植葡萄并酿酒，每一块土地都有着仅属于自己的风土密码。所以，葡萄酒的世界丰富多彩、琳琅满目、风格多样。而唯一可以区分不同产地、不同风格葡萄酒的密码就是以气候、土壤、葡萄品种为核心的自然条件，其次才是根据葡萄原料表现、当地风土特色实施的人为因素。所以，符合产地自然与风土的产区风格是葡萄酒作为大众消费商品在众多产品中脱颖而出的专属标识。

不断地挖掘、发现和固化葡萄酒风格，种植更加适宜产地的酿酒葡萄，采取更加符合葡萄自然生长的种植管理方式，以及采用符合葡萄原料特性的酿造工艺，就是葡萄酒质量不断提高的过程。

从经济学的角度看，葡萄酒是农业产品，从土地到餐桌的成本相对于其他农产品要高很多。葡萄酒面对市场的时候，首先是大众消费品，面对消费者的

时候，它是具有社交属性的商品，但又不是生活必需品。葡萄酒本身的多样化、多元化、个性化和复杂性，使其选择购买的门槛相对于日常必需品要高很多。因此，在同一类别、同一档次、不同品牌、不同产地葡萄酒之间选择时，价格就成了首要标准。

从我国目前市场竞争态势来看，进口葡萄酒对我国葡萄酒的猛烈冲击，主要体现在价格上。倡导从土地到餐桌各个环节降低成本，是提高国产葡萄酒市场竞争力的直接手段。

从种植到酿造的全过程，尽量减少人为干预和过度投入，拒绝过度包装等，都是在降低成本的同时，提高质量和保障食品安全的有效行为。葡萄酒产业链的每一个环节都要落实尊重自然、顺应自然、保护自然的生态文明理念，使我国葡萄酒产业持续发展。

（一）坚持"产区风格世界唯一"的差异化战略

1. "产区风格世界唯一"是国际共识，也是竞争壁垒

自然条件、品种、文化和人，共同构成了产区葡萄酒独一无二的风格，这也是千百年来世界葡萄酒发展的基础坐标，是各产区葡萄酒保持差异化的核心。不同的地理位置、气候和土壤，不同的品种和种植方式，不同的酿造工艺和文化习俗、消费习惯，造就了葡萄酒世界的多姿多彩。

产区风格不仅是葡萄酒产品的地理标签，当面向市场纷纷攘攘、琳琅满目的同类产品时，更是消费者对产品差异化认知的标签和选购的标准。

纵观国际消费市场认知，消费者对于产区品牌的认知是优先于企业品牌的。产区品牌的成像是建立在产区风格之上的。比如很多中国消费者都知道法国波尔多、勃艮第，美国纳帕，因为这些产区已经固化了自己的风格，给消费者的印象就是这些地方的葡萄酒很好，这就是产区独特风格产生的效应。

反过来看，这就是强者制定标准。西方国家所谓的"旧世界和新世界"两个世界或者三个世界"旧世界、新世界和新新世界"的划分，其实就是一个产业壁垒，是竞争垄断的策略。新旧之分是欧盟葡萄酒强国强化了自身在葡萄与葡萄酒历史、文化和科技上的重要地位，而弱化了后发展起来的葡萄酒国家。

这样的"强者标准"几乎在所有的领域、所有的产业,在国际贸易、国际竞争中普遍存在,是通过标准来巩固既得利益国家的地位。

2.探索我国产区风格

中华人民共和国成立以来,特别是改革开放以后40多年的发展,我国广袤的土地上已经形成了初具特色的11大葡萄酒产区,并且已经初具规模,中国也成了世界葡萄酒生产大国。但是由于产业起步晚,还在发展阶段,产区风格的研究和固化工作还在探索当中。以宁夏贺兰山东麓产区、山东烟台产区、内蒙古乌海沙漠葡萄酒产区、新疆产区、河北碣石山产区为代表的中国产区,已经着手开始了产区葡萄酒风格研究工作,并取得了初步成果。

尽管产区化的表达已经成为当前葡萄酒产业重要的传播方式,但中国的葡萄酒产区仍处于约定俗成的阶段。2019年,中国酒业协会发布了《中国葡萄酒产区》团体标准,使中国产区风格的研究、固化工作迈开了重要的一步。

尽管关于产区标准的探讨仍在继续,但相关标准的完善将与此前发布的中国葡萄酒感官品评体系衔接,助力中国葡萄酒市场实现信息对称,帮助行业健康有序发展的同时保护消费者应有的权益。

目前,中国各葡萄酒产区已经将产区葡萄酒风格研究、葡萄酒感官特征作为重要内容纳入"十四五"规划中。未来,与世界葡萄酒强国站在同一高度,强化"产区风格世界唯一"的差异化战略,是中国葡萄酒产业发展的大势,也是世界葡萄酒大家庭共同的发展方向。

(二)坚持品牌建设的战略引导

1.我国葡萄酒产业的品牌矩阵

由于葡萄酒是种出来的,是从土地开始的农业产品,因此葡萄酒品牌不是单一的产品品牌,而是国家品牌、产区品牌、企业品牌和产品品牌四位一体的品牌矩阵。

从葡萄酒三个世界的划分标准来看,全球葡萄酒市场已形成了以法国为代表的旧世界、以美国为代表的新世界和以中国为代表的古文明世界的三极格局。这三极同时也代表了三个国家品牌、产区品牌和产品品牌集群,是市场长期积累形成的品牌效应,成为消费者认知、消费葡萄酒的基本方向。

中国葡萄酒产业已形成的11大葡萄酒产区、40多个子产区,各有特色,风格渐显,在世界葡萄酒中也有了一定的知名度。特别是近10年来,以宁夏贺兰山东麓、新疆、河西走廊等为代表的产区,葡萄酒质量逐年提升,在国际国内大赛中频频获奖,广受好评。我国在世界葡萄酒舞台上崭露头角,葡萄酒国家品牌、产区品牌形象逐渐丰满。

在企业品牌方面,已经形成了以张裕、长城、王朝、威龙等为代表的头部企业集群,产业布局和市场已经延伸到了全球。以中信国安尼雅葡萄酒、楼兰、紫轩、莫高、君顶、西鸽、茅台等为代表的中型企业集群,以贺兰晴雪、银色高地、迦南美地、利思、丝路酒庄、天塞酒庄、国风酒庄、龙亭酒庄等为代表的精品酒庄集群,企业品牌渐成规模。这些品牌企业在中国市场具有很高的知名度,在国际市场也是声名远播,无论是质量、风格还是市场营销,都出类拔萃,表现优异,品牌形象丰满,具有较强的市场竞争优势。这也反映了目前中国葡萄酒产业良好的发展态势。

当然,伴随着这些品牌企业的成长,产品品牌集群也已经初具规模。以张裕解百纳和龙谕、长城五星和桑干为代表的大单品,以莫高黑比诺、茅台老树藤、楼兰深根、西夏王外交使节、宁夏贺兰红、西鸽为代表的畅销品,以加贝兰、留世、金士马瑟兰等为代表的精品酒庄酒,都是产区风格的典范,也是得到市场普遍赞誉的优质葡萄酒。

2. 我国葡萄酒产业品牌建设存在的问题

中国葡萄酒品牌建设也存在很多问题:产业规模大而不强,产业管理体制不清晰,涉及农业、工业、林业、商业以及生态保护、市场监管等多头管理,缺乏统一管理机制。尽管葡萄酒是国家乡村振兴的新经济力量,但是相对于其他产业,规模太小,利税太低,加上葡萄酒产业是一个长期投资、回报缓慢的产业,所以现实利益局限了产业发展空间。

在产区建设上,缺乏统一的管理体制和贯彻始终的管理政策。11大产区中多数处于无管理、无规范、无核心的状态,产区品牌打出来了,但是没有经营品牌。企业品牌数量众多，但是质量不高，除了几个头部企业之外，多数企业存在野蛮生长无序发展的状态。产品品牌建设也存在管理粗放、规划率性、时间短、积累少、根基浅等问题，多数品牌无专业运作，整体显得凌乱繁杂。

（三）中国葡萄酒产业品牌建设问题的解决之道

面对与全球葡萄酒强国相比"大而不强"，在国内与其他关乎民生的产业相比"强而不大"，与中国白酒、啤酒以及黄酒产业相比"不强不大"的尴尬局面，我国葡萄酒产业品牌建设工作任重而道远。

1. 集中优势资源，总结并固化产区风格，讲好产区故事，树立产区品牌，带动产品品牌

"产区风格世界唯一"是产区品牌建设的核心理念。各产区应集中人、财、物资源，聚力开展产区风格的研究、总结归纳和固化工作。深挖产区历史、文化，总结归纳产区风土，讲好产区故事，充分利用线上线下媒体通路，立体广泛传播，为产区企业、产品品牌提供强大的品牌内核，使产业品牌矩阵丰满起来，协同发展。

2. 坚持小酒庄大产业、多种形式并存的发展模式，坚持酒庄酒、佐餐酒并存、高中低产品协调发展策略

一个成熟的产区，是各种规模的酒庄并存、各种档次产品并存的产区。中大型酒庄、精品小酒庄以及家庭农场似的微型酒庄等不同形式的酒庄，对产区的重要作用就在于对产区多样性生产主体发展经营的探索和实践，精品酒庄酒与佐餐酒并存，以满足消费者多元化、个性化的需求。产区管理不能偏大非小、重高轻低，产区政策大小平衡、高低共享。支持鼓励多种形式的生产主体存在，也有利于发挥各种规模资本的积极性、能动性和灵活性，提高产业活力。

3. 一手着力培育市场大单品，一手高举精品酒庄酒样板

大单品多是以满足大众消费需求为核心的普及型产品，是扩大市场范围、培育大众消费习惯、打通营销渠道、实现产区突围的利器。当前，国内外酒商纷纷推出酒类大单品。做好大单品要注意酒标、瓶型等外在形象，要培育容易识别、便于推广的品牌形象，要深入挖掘品牌背后的故事。塑造品牌形象，不仅要结合产品特点和品牌特色，选择确定的目标市场，集中力量持续推广，还需要合作单位统一谋划、分工协作。

产区政府应鼓励有条件的酒庄实施大单品策略，有互补条件的酒庄也可以形成联盟，抱团发展。一是把某单一品种葡萄酒、某款葡萄酒做精做响，获得巨大竞争优势。二是瞄准消费者需求，针对消费痛点，在做优服务的同时，结合各地的实际情况，实施必要的价格策略。

在培育大单品的同时，以精品酒圈抢占高端客户，提升产区影响力。每个产区都有酿造高品质葡萄酒的优势，高品质酒庄酒是产区风土、工匠精神的表达者，精品酒有助于提高产品的美誉度，提升品牌影响力，为提高产品附加值创造条件。

4. 以佐餐酒引路，深化消费者对产区的认知

佐餐酒也就是市场通常认为的"口粮酒"，这是消费需求最大的品类，以满足大众日常消费需求。这些酒是大工业生产的标准化产品，品质有保证，生产成本低，价格亲民，容易被大众接受。

以宁夏贺兰山东麓产区为例，西夏王、御马等都是以生产物美价廉的佐餐酒起家，为宁夏贺兰山东麓产区葡萄酒的普及推广作出了很大贡献。目前，宁夏的佐餐酒依然占有较高的比重，应深耕这一市场，让消费者通过亲口品尝和大量饮用的方式，深化对宁夏贺兰山东麓产区葡萄酒的认知。

5. 发挥产区政府和产区商协会的作用，鼓励酒庄合作社和公共品牌酒的发展

我国各产区大部分酒庄的主要问题是缺乏营销体系，各自为政，单个企业实力有限，市场营销成本高。政府可以出台支持政策，鼓励中小酒庄建立合作社，集中优势资源、打造共同品牌，开展市场销售。同时鼓励市场上有资金、渠道和营销体系的酒商与产区多家酒庄联合开发产品，利用大商资源和销售体系，共同开发市场。

要借助政府平台，整合营销资源，实施大协作。通过组团与大渠道协商

谈判，形成组团议价能力，对接市场，营造氛围。推动企业成立全国性连锁专卖公司，把"葡萄酒+特产"打包纳入，采取"小型化、专业化、社会化"的发展模式。

合作社这一组织结构本身就蕴含了生产设备共享、流通成本共担以及政府哺育这些集约专业的现代产业元素，因此合作社的葡萄酒在品质、价格的定位方式上与酒商酒更加相似。

宁夏贺兰红是政府打造的公共品牌，只有极少数酒庄参与共享，意在品牌化产区；宁夏红漠酒庄是一个解决酒庄库存、缓解酒庄压力的政府投资的酒庄，而其他酒庄联合组建的营销公司，则是以整合酒庄资源，联合开发销售为目的的合作社。各种形式均可尝试，成功可以复制。

二、坚持市场营销创新的决胜战略

所谓营销创新就是根据营销环境的变化情况，并结合企业自身的资源条件和经营实力，寻求营销要素在某一方面或某一系列的突破或变革的过程。在这个过程中，并非要求一定要有创造发明，只要能够适应环境，赢得消费者的心理且不触犯法律、法规，同时能被企业所接受，这种营销创新即是成功的。中国葡萄酒的营销创新主要从以下四个维度展开。

（一）市场创新

中国已经成为全球葡萄酒共同争夺的巨大市场。葡萄酒品类繁多，竞争激烈，国产葡萄酒市场份额已经濒临产业临界点。虽然市场竞争激烈，但是分布不均衡，竞争激烈的市场多为一线、新一线和二线城市，国产葡萄酒的市场创新着眼于避实击虚，内外兼顾。

北上广深一线市场比较成熟，是进口葡萄酒的运营中心、国际品牌聚集的市场，竞争更加激烈，国产葡萄酒腾挪的空间狭小，这反而给以成都、杭州、重庆为代表的新一线城市留下了相对比较宽松的竞争空间。葡萄酒企业应在这些市场，注重省域经济的引领效应，建立市场中心。二线城市则以无锡、厦门、福州、温州、惠州、常州、嘉兴等经济比较发达的沿海城市为代表，三线城市则以台州、汕头、湖州、扬州、镇江、江门、揭阳、湛江、漳州、三亚等为次重点。葡萄酒企业应瞄准县域经济的快速发展,将之作为市场副中心进行开发。

对于产品单一、产量有限、营销能力不足的小规模酒庄、个性化品牌,可以根据酒庄资源情况,或采取聚焦一地一隅市场,或聚焦特定人群,或聚焦特定渠道进行市场开发。西南高山产区的扎西葡萄酒就是一款酿酒师个人品牌,与成都某一高端餐饮店合作,因为价格合理,品质高,风格独特,销量不俗,每年销售占产量的50%左右,仅在这一个渠道就形成了品牌影响力。

(二)品牌创新

品牌创新,实质就是赋予品牌要素以创造价值的新能力的行为,即通过技术、质量、商业模式和企业文化创新,增强品牌生命力。

我国葡萄酒产业已初具规模,以张裕、长城、王朝、威龙为代表的葡萄酒大品牌在国内市场具有较高的知名度,张裕、长城更是在国际市场有一定的知名度。

案例1:张裕葡萄酒

以"百年张裕"为核心,张裕公司打造了张裕解百纳、醉诗仙、爱斐堡、张裕卡斯特、可雅白兰地、张裕味美思、保健酒、张裕大香槟等以品类为引领的品牌矩阵。

2020年6月,国家领导人相继到宁夏、新疆考察葡萄酒产业,强调"随着人民生活水平不断提高,葡萄酒产业大有前景",并提倡"中国人喝中国葡萄酒"。

2021年,张裕摩塞尔十五世酒庄更名为龙谕酒庄,品牌焕新升级,"龙谕"惊艳登场,发力高端。"龙谕"就是张裕立足中国风土特色,融入欧洲传统酿造文化,深耕宁夏贺兰山东麓这片中国极具潜力的葡萄酒产区的"关键动作"。

2021年12月,龙谕先后在上海、青岛、苏州连续举行了三场高规格的上市发布会,以江浙沪等地区为基点,辐射全国。另外,龙谕还多次在央视主流媒体亮相,不仅持续冠名CCTV-2财经频道《对话》栏目,还将"品过世界,更爱中国"的品牌心声在CCTV-13新闻频道《天气预报》栏目与众多国人分享。同时以前瞻性的格局走向世界，获得广泛认可。

为了配合龙谕的发展战略，张裕在2021年初进行了组织架构的调整，成立龙谕销售事业部，专职负责龙谕酒庄及品牌的推广和销售工作。并在旗下设立12个省级销售分公司，直接服务经销商、终端和高端消费者。

案例2：长城葡萄酒

2022年，长城品牌获得以"美好品牌，智造未来"为主题的全球商业创新大奖——年度案例银奖。

长城葡萄酒于2022年提出了以东方美学为核心的"中国色、中国味、中国礼"概念，在糖酒会期间长城在互动区对其发起的色彩体系进行了展示。并以"长城=东方酒+传统礼"为情感纽带，通过线上媒体平台推广、线下婚宴场景的氛围营造，迅速吸引消费者，链接起国人的消费情感，让国人更好地了解了中国自己的葡萄酒评价体系。

如今葡萄酒行业的竞争愈发激烈，国产品牌在发展过程中做足品质的同时，更要通过行之有效的营销举措提升品牌知名度，进而夯实在行业内的优势地位。

（三）渠道创新

网络化时代改变了消费者的思维方式、购物习惯及生活方式。网络购物正在成为我国消费者，特别是年青一代消费者购物的主要方式。网络购物特别是手机购物成为他们离不开的消费方式，已经是一种生活方式和习惯了，这对葡萄酒行业销售产生了非常大的影响。

1. 基于网络时代葡萄酒销售模式的迭代

我国葡萄酒市场销售模式的演变路径是：传统的经销代理模式向扁平化转变。葡萄酒传统经销代理模式日渐式微，招商难，难招商，已经成为葡萄酒企业共同面临的瓶颈。扁平化向以集团采购、团购、直销模式转变。而直销模式正在面临互联网电子商务的迭代。线上下单、快速配送、即时消费是当下购买者的普遍需求。

市场渠道的演变也是网络化的结果。饭店、酒吧、会所等现饮渠道被自带酒水冲洗得干干净净；大卖场被街面林林总总的专卖店、连锁超市取代；而连锁超市、专卖店被更加具有性价比的直销团购冲击；直销团购，正在被平台型的网络购物取代。

葡萄酒行业正在经历互联网时代背景下的渠道创新。

2. 互联网销售平台化是大趋势

未来，基于互联网的葡萄酒渠道的私域化和公域化并存，平台化是大趋势。对于葡萄酒电商而言，京东、天猫等平台更多是帮助其完成葡萄酒的普及和交流过程，同时打开新的用户市场，毕竟大的平台电商流量更大，且覆盖人群更多，能吸引更多的初级客户。无论是酒美网还是也买酒，目前在其他平台的销售量远低于其官网的销售量。其中酒美网官网销售量占70%，其他平台的销售量占30%；也买酒在其官网的销售量占90%，其他平台的销售量占10%。

随着中国葡萄酒市场以及电子商务行业的日渐成熟，两者的有机结合将带动新一轮的中国葡萄酒电子商务销售高潮。未来的葡萄酒电子商务竞争将集中在顾客忠诚度营销上。处于起步阶段的中国葡萄酒电子商务，随着行业的发展和企业的成熟，电商企业将更加注重销售模式的选择。因为建立系统化和品牌化的销售模式将更好地满足消费者的需求以及企业发展的需要。同时，销售模式将更好地整合企业资源，启动整合营销策略，传播企业品牌理念。整合销售模式将成为企业竞争的主流。葡萄酒电子商务企业进行销售模式选择时，需要结合行业发展情况，注重传统模式和独特销售卖点（USP）的创新以及开放式平台（POP）和社区化销售模式的改造。这样一种整合型的销售模式将在很长一段时间里成为企业竞争的主流。

3. 跨境电商的市场渠道建设合作将风生水起

随着对进口葡萄酒及其品牌认知度的提升，对进口葡萄酒的需求也在不断提升，跨境电商的市场潜力巨大。从税收的角度来看，很多国家通过一般贸易方式进口的葡萄酒需要缴纳关税、增值税以及消费税，合计需要缴纳到岸价的48.2%；若是通过跨境电商模式进口葡萄酒，综合税率则不到商品零售价的21%。跨境葡萄酒电商还可享免关税、增值税和消费税7折的优惠。单从税差上就有很大的差距，尤其是名庄酒。所以，跨境电商将是葡萄酒行业的下一个风口。

4. 与用户互动交流的线上线下新渠道崛起

现在，葡萄酒企业已经从传统的渠道驱动向价值驱动转变。在这个过程中，依托互联网的线上与线下的资源整合、营销能力的创新成为趋势。具体形态有：IP合伙人和线下同城粉丝品酒会等。

5. 传统渠道压力倍增，渠道创新成为关注点

体验式餐饮渠道成为精品葡萄酒推广的主要场所。线上线下融合的新零售模式，加速传统零售发展。随着消费者品牌意识的觉醒，品牌化运营公司、国企、B2B电商、供应链公司规模效应初步显现，挤压中小进口商的生存空间。

市场格局逐渐转型为"强者愈强，弱者出局"。电商、餐饮、零售以及传统分销，这些渠道都将不再是分裂的渠道，品牌的全渠道运营会成为趋势。

业内人士认为，市场将涌现出一批跨区域、跨行业的企业家和企业家联盟，也就是大而全的企业，年销售规模在1亿元到10亿元，并通过并购、交叉持股等出现百亿级的企业。这类企业有很强势的渠道网络掌控能力，包括白酒企业、啤酒企业、饮料企业、快消企业。这些企业通过运作一些大众化中低价位的产品，与国际流通大品牌进行合作，甚至自行去酒庄采购，逆向渗透上游，垂直整合渠道，最终出现全球性的品牌。

小而美的企业也会得到长足发展。这类小微企业，年销售总额小于5000万元，经营个性化的小产品，聚焦于某一产区或者类别，有固定封闭的消费群体和粉丝，精耕于一个地区或省份。有专业品酒师、侍酒师团队，能够提供专业化的选酒建议，并组织高品质的品鉴会，满足部分高端消费者的需求。

6. 大品牌渠道继续下沉，新商业模式将会出现

大品牌继续引领市场，大品牌的渠道继续下沉，个别领先品牌的品牌力度在终端会慢慢凸显出竞争优势。互联网泡沫会慢慢被挤干，没有大品牌的掌控力的渠道创新将慢慢干枯，新的商业模式将会陆续出现。不同商业模式依托各自的优势对渠道进行激烈争夺，抱团发展、分工协作的合作模式会越来越成熟。大品牌酒种的渠道下沉将深刻影响到葡萄酒行业。

（四）传播创新

大数据、云计算、物联网等网络计算正快速改变着我们的时代。网络化时代对传播的创新要求更高，不仅是内容的创新、形式的创新，也是模式的创新，要求快、精、准。作为日常生活的非必需品，我国葡萄酒产业的传播创新不仅滞后于时代，也滞后于整个酒类行业。

1. 我国葡萄酒传播存在的几个问题

一是从产业层面上，我国葡萄酒由于缺乏核心技术和产业机制，在我国葡萄酒产业起步阶段，大多学习和推广国外的葡萄酒技术，启蒙教育了消费者，也培育了进口葡萄酒市场，导致的结果就是让最早一批接触葡萄酒的消费者形成了固化思维——国产葡萄酒效仿进口酒。

二是在产业初期，文化启蒙阶段，我国葡萄酒没有形成自己的文化体系，西方的葡萄酒文化在中国大行其道。

三是改革开放之后，市场混乱阶段，由于快速发展，难免野蛮生长，葡萄酒产品质量参差不齐，良莠混杂，假冒伪劣产品层出不穷，造成了国产酒质量差的市场认知。

四是政策法规方面，产业科技体系、从土地到餐桌的质量控制体系未建立之前，以市场为导向以经济发展为坐标的半汁酒国家标准，让消费者对中国葡萄酒形成了完全不同于真正意义上葡萄酒的认知，进而也形成了"葡萄酒酸酸的甜甜的"感官评价误区。当消费者接触到真正意义上的葡萄酒时，就会产生国产酒不如进口酒的印象。

五是产区、企业方面，出现了在传播上"傍洋产区""品牌洋化""傍洋人""傍洋专家"的普遍现象。

在相当长的一个时期，启蒙中的中国葡萄酒产业技术、科技、人才、文化、教育等诸方面均为西方舶来，进口酒占主导地位。

自从1994年西北农林科技大学葡萄酒学院成立，建立了我国自己的葡萄酒人才培养体系，在逐步建立和完善科技体系之后，这一局面才逐渐有所改变。有了人才、有了体系、有了机制，我们才开始自己的葡萄酒文化建设。

2015年，《中国葡萄酒》一书出版，这是第一部关于中国葡萄酒历史、文化、科技、产区、教育、品牌的专著，开启了中国葡萄酒历史、文化的传播大幕。2016年发表的《葡萄酒的新世界、旧世界与古文明世界》，从根本上厘清了中国葡萄酒的历史文化脉络，重新定位中国葡萄酒在世界的地位，让中国葡萄酒的传播有了"内核"。

但是，改变已有的认知，清理西方文化的影响，扶正中国葡萄酒文化形象，是一个漫长而艰难的过程。中国葡萄酒的文化自信、产区自信和品牌自信，创新重建工作已经展开。

2. 传播创新的国家体制已经建立

2020年6月8日，习近平总书记来到宁夏考察葡萄酒产业，提出了中国葡萄酒假以时日，"当惊世界殊"的战略目标。2021年5月，经国务院批复同意，宁夏国家葡萄及葡萄酒产业开放发展综合试验区获批建立，到2035年，贺兰山东麓酿酒葡萄基地总规模突破150万亩，年产葡萄酒6亿瓶以上，实现综合产值2000亿元人民币左右的目标。

根据规划，我国将把综合试验区打造成为黄河生态涵养的示范区、西部特色产业开放发展的引领区、文旅教体融合发展的体验区、"一带一路"合作对接的先行区。通过一系列新技术、新模式、新业态、新平台、新工程的试验示范，建设产品质量更高、核心竞争力更强、品牌影响力更广、产业融合度更深、对外开放力度更大、生态环境更好的现代化葡萄及葡萄酒产业聚集区，打造中国葡萄酒全方位融入世界的窗口、农业特色产业深度开放发展的高地。

在国家乡村振兴的大战略中，我国各葡萄酒产区政府纷纷出台各项政策，大力支持葡萄酒产业发展，目前产业形势和发展环境良好。

3. 我国葡萄酒传播的创新路径

一是挖掘和弘扬中国酒文化，建立具有中华民族特色的葡萄酒文化体系，打造中国葡萄酒古文明世界的国家形象，树立葡萄酒从土地到餐桌的文化自信。

二是以中国风格世界共享为基准，在世界范围内强化中国风格，与世界其他葡萄酒强国、产区站在同一高度,广泛"传播中国风土葡萄酒产品与世界共享"的理念。

三是紧跟网络时代瞬息万变的趋势,创新传播元素、不断更新传播形式、共享传播平台。打造独特风土产区IP和以葡萄酒专家为骨干的科技IP、以葡萄酒教育机构为骨干的教育IP,培养以中国文化为内蕴的品牌IP和中国葡萄酒消费领袖IP。

四是创新传播方式,提高传播效率。传播,包括活动传播、展会传播、品鉴会传播、课程传播等形式;包括面向市场的公众号、视频号、知乎等社交媒体传播;包括与消费者及合作伙伴的日常互动传播。实时传递葡萄园四季成长、葡萄酒酿造过程、品鉴体验、酒庄旅游等主题内容的传播,能够很快得到消费者的共鸣与互动,大大提高了产品、企业与市场、消费者、合作伙伴的沟通效率。

目前有很多产区、酒庄都开通了社交媒体账号,或自行策划维护,或与第三方专业合作托管,传播即时快捷,有效传递了产区、企业、品牌信息。

三、坚持企业管理创新的保证战略

(一)葡萄酒企业管理创新的方向

管理创新是中国式现代化、贯彻落实科学发展观的要求,是全球经济一体化、中国葡萄酒可持续高质量发展的要求,更是企业发展的内在需求。所以,管理必须创新。

但是我国葡萄酒产业真正发展的时间也就是改革开放以后的40多年,产业、企业起步晚,产业、企业管理经验积累不够,标准化管理体系尚未形成。大中小企业、早中晚企业的管理机制各不相同,除了中大型企业外,有不少小酒庄甚至连基础管理条件都不具备,就更不用说管理创新了。

所以,就多数葡萄酒企业来说,管理创新应该从基础管理建设开始,首先建立健全从土地到餐桌的管理体系。在学习中建设,在建设中创新,在创新中完善。

（二）葡萄酒企业管理创新的内容

1. 观念创新

酒庄运营管理简单来说就是依据酒庄本身及酒庄酒的特点，分析酒庄所处的市场环境，为酒庄制订出一套科学完善的运营管理方案。

随着信息技术的发展，我国传统经济结构和社会秩序发生了不同程度的改变。对于酒庄来说，其所处环境也由传统的物质经济环境转变成以网络为媒介、消费者为中心的信息经济环境。酒庄在运营管理中合理应用信息技术手段可以提升运营管理效率与质量。所以强化酒庄信息化建设，实现酒庄信息化的运营管理很有必要，这不仅可以提升酒庄综合素质能力，还可以有效地解决酒庄传统运营管理的问题。

积极参与葡萄酒领域的大数据建设，深入探讨可行的酒庄运营管理模式，并将其作为酒庄的发展指导，深化以大数据为核心的现代化酒庄运营管理模式。

科学且合理构建和完善酒庄内部控制机制。内部控制机制是酒庄内部经营管理中的核心机制，必须对酒庄内部控制机制高度重视，只有这样才能让酒庄在运营管理方面获得成效并取得较好的收益。

重视自身的文化建设，重视酒庄文化渗透。从本质上来说，酒庄文化是指酒庄工作人员的道德规范、工作态度、价值观念和思想意识等多个方面的内容，同时也是酒庄内在精神的具体体现，是酒庄的核心和灵魂，对酒庄的发展有着不可或缺的作用。酒庄文化能够帮助酒庄开展运营管理工作并整合资源，从而提升酒庄运营管理工作的效率和质量，进一步提高酒庄的经济效益，提高酒庄在市场中的竞争力。因此，酒庄文化建设也是酒庄运营管理中的一个重要部分。

2. 创建管理模块

建立清晰的管理模块，是酒庄实现规范、高效、高质量发展的基础。

一是建立酿酒葡萄种植管理模块。

葡萄酒质量先天在于原料，后天在于酿造管理。所以，葡萄酒企业首先要建立的就是原料质量管理体系。

原料有四种来源：订单收购葡萄种植户的原料；流转农民土地，由企业负责种植管理的原料；企业自有土地种植管理的原料；收购的原酒。无论哪种原料来源，都必须统一制定原料质量标准，并保证原料质量符合相应标准。

企业自有葡萄园应根据原料标准确定葡萄种植模式和管理规范。组建管理团队，把果农培养成为熟练的作业工，每一个种植程序中，都有一批技术娴熟的作业工人，用固化的管理流程，量化作业、标准作业，进而形成以结果为导向的过程控制。

特别强调的是，在原料种植的管理模块中，智慧化种植、数字化管理是葡萄园管理的必然趋势，更是减少人力劳作、降低人工成本、节能减排、保护环境、提高葡萄园工作效率的保证。这也是葡萄原料质量控制管理创新的有效途径。

二是建立葡萄酒酿造管理模块。

根据原料状况和葡萄酒种类，制定葡萄酒酿造规范，建立从采收到运输、仓储和货架每个工艺环节的管理标准和危害分析和关键控制点（HACCP）体系并严格执行，做好操作记录，以保证葡萄酒质量安全。

在制定葡萄酒酿造规范时，必须遵循以下原则：①葡萄酒是自然产品，其自然特性主要来源于葡萄原料。②只有在酿造过程中避免任何添加物和污染物，才能充分表现出葡萄酒的自然特性，保证每种葡萄酒独特的质量和风格，使葡萄酒王国千姿百态，丰富多彩。③葡萄酒的一切质量因素都来源于葡萄原料，酿酒师只能表现质量，而不能创造质量，其才能主要表现在当原料有缺陷时，通过各种工艺手段，掩盖或去除缺陷，生产出质量相对良好的葡萄酒。④在葡萄酒产业链上，任何不必要的处理，都只能降低质量，提高成本。⑤对于葡萄酒酿造而言，我们所需要的是一个技术系统，而在这一技术系统中，只有在葡萄酒酿造过程中对各个环节进行化学分析以及根据分析结果进行适宜的质量控制处理，才能科学地确保产品质量和风格。

三是建立销售管理模块。

销售部门必须清楚地了解企业的战略规划、经营目标、产品的目标市场和目标客户,制订切实而有效的销售策略和计划,以便执行销售任务,达到销售目标。

在制订营销策略时,必须考虑市场经营环境、行业竞争状况、企业本身实力和可分配的资源状况、产品所处的生命周期等,并制订相应的销售策略和战术。

根据预测的销售目标及销售费用决定销售组织的规模。销售人员的培训和工作安排、销售区域的划分及人员的编排、销售人员的工作评估及报酬等都是销售部门在制订销售计划时所必须考虑的问题。

分解销售目标和预算,制定销售人员的销售指标及其销售计划。售出产品数量或金额,售出产品的利润贡献,维持与客户业务关系能力和对客户售后服务质量等,都是对销售人员考核的重要因素。

销售部门应紧密跟进、监督和检查各销售区域和销售人员的任务完成情况,发现问题及时处理;指导、协助销售人员克服可能遇到的困难,帮助完成销售任务;提供各种资源支持,激励每个销售人员完成销售指标。

制定明确的评估准则,定期评估销售计划成效及销售人员工作表现。销售业绩包括销售数量、指标完成情况和进度、拜访客户次数等。及时反馈评估结果,以便销售人员改进,检讨销售策略和计划的成效,从中总结出成功或失败的经验,提高销售工作的效率。

在销售管理体系的建设中,要注意制度化、简单化、人性化、合理化。

没有或者无法建立销售管理模块的小微酒庄,应将自己定位于专业酿造酒庄。通过产区酒庄联合体、委托第三方专业销售管理机构的方式建立体外销售模块,或者与具有销售管理体系的酒商、平台等,通过共享酒庄的模式建立销售管理体系。

3. 制度创新

葡萄酒从土地到餐桌各个环节的管理,都离不开制度的保障。但目前许多葡萄酒企业管理制度不健全、组织不完善、模块不清晰,一切由庄主说了算,庄主是唯一的管理者。很多庄主亲力亲为,在葡萄地指挥种植管理,在车间指挥酿造,在市场一线亲自卖酒,倒逼庄主成了种植专家、酿造能手、最大销售员。

制度创新是创新的前提,具有完善的企业制度创新机制,才能保证技术创新和管理创新的有效进行。企业做大做强,首先是酒庄的灵魂——庄主的自我修炼:重构认知体系,重构知识体系,重构管理体系,加强团队沟通。

4. 技术与产品创新

我国葡萄酒产业科技已达世界领先水平。在酿酒葡萄新品种培育、酿酒酵母本土化、葡萄种植管理、酿造工艺、新产品和新品类的开发,现代营销新模式和新方式的建立等方面,创新成绩斐然,大大加速了我国葡萄酒产业发展壮大的进程。

葡萄酒企业在种植、酿造、陈酿等技术环节基本都实现了人才专业化,具备了技术创新的组织架构。20世纪70—80年代,长城自主研发了干红、干白葡萄酒;2014年,内蒙古阳光田宇国际酒庄成功示范种植酿酒葡萄新品种媚丽、爱格丽,首酿中国第一瓶自然酒,填补了我国在自然酒上的空白;朗格斯酒庄率先采用自然重力酿酒,也是国内首家。在改革开放40多年的时间内,我国葡萄酒品类经过两代人的努力,从无到有,从有到优,已经覆盖国际现有的葡萄酒品类。

随着市场变化、消费需求变化,葡萄酒新技术和新品类也应运而生:针对微醺、喜悦、健康饮酒群体的脱醇葡萄酒、微气泡酒的低酒精度产品,针对追求葡萄酒厚重、复杂变化人群的高酒精度产品,针对女士的起泡桃红葡萄酒,针对饮酒调理身体人群的本草红葡萄酒等,都深受目标消费者青睐。

中国葡萄酒的技术创新一直在路上,从未停止。

5. 环境创新

环境创新与技术创新、制度创新、组织与管理等创新活动构成一个有机整体,企业与环境是一个相互作用、相互依存的系统。企业必须发挥积极性和主动性,对环境进行创新,创造有利于自身发展的环境,以增强其核心竞争力。企业环境创新的主要内容如图5-1所示。

图5-1　企业环境创新的内容

我国葡萄酒企业环境创新可选择的路径主要包括被动适应型、互动融合型与主动创造型三种。

被动适应型路径是指企业对环境不去进行对抗与改造，而仅是被动适应，通过改变自己而创造适合企业发展的环境。这是一种消极的改变，多存在于小微酒庄。因为资金投入少、企业规模小，在"环境不可控""企业无能为力"观念下，无法主动适应环境，只能被动适应：适应市场，生产市场需求的产品；适应经销商，制定符合经销商利益的政策；适应消费者，开发消费者喜欢的产品。

互动融合型路径是指企业持有"企业与环境互动""企业与环境互为环境"的观念，认为企业与环境是对抗竞争的关系，通过增加企业对环境的作用力，努力使企业与环境之间的关系达到均衡状态，而不是任由环境摆布。

主动创造型路径是指企业持有"企业刻意创新环境""企业是环境创新的主体"的观念，积极主动改造和创造有利于自身发展的环境，通过引领行业和市场潮流，使企业环境按照企业的需求进行演进。主动创造型多存在于实力突出、规模巨大的企业。张裕解百纳品类的创新、葡萄酒质量分级，长城干白、干红研制以及五星标准的创立，就是主动创造规则、改变规则，引导市场和消费。阳光田宇自然酒的酿造，给消费者提供了一个更加安全、健康的、风格独特的葡萄酒,得到行业和消费者的认可,在中国成为这一品类的领导者。

第二节 葡萄酒行业项目投资建议

葡萄酒行业是一个投资周期长、投资回收慢的非日常消费品的农业产业,是我国乡村振兴的新经济力量,是一个未来产业。投资者不但要拥有足够的资金持续投入,还要有对农村、农民、农业的热爱。

一、投资环境项目建议

在中国相较于其他农业产业,作为一、二、三产业高度融合的第六产业,葡萄酒产业具有非常广阔的发展潜力。

(一)产业链条全球化

在目前环境之下,中国葡萄酒行业在设备供应和原辅料采购等环节都基本融入了国际化分工与合作的链条之中。国内市场正在经历一个逐渐被国际化的过程——大量的国外酒类产品涌入中国市场。

但是,随着中国国家经济实力的增强,更多的国外市场将会认可来自"中国制造"的产品,其中肯定会包括葡萄酒,认可程度与国内葡萄酒企业对大局的把握能力和运营水平直接相关。因此,有两点可以肯定——国外原酒的采购(包括通过跨国收购酒庄、葡萄园、原辅材料和设备供应商手段获得原料)和国际市场的渗透(海外设立分支机构和生产性企业),这两个变化趋势将使中国葡萄酒行业进一步融入产业的全球化链条之中。

(二)资本运营频繁化

企业在市场上最基本的竞争载体是产品,随着竞争升级,价格、渠道、传播、品牌、服务和资本等手段会被成熟企业逐渐采用,现代企业之间最高级的竞争手段,就是通过资本运营来实现企业利润的最大化并获得持久的竞争优势。帝亚吉欧和保乐力加两个跨国酒业巨头已经通过并购或者参股的形式进入中国酒水行业，而中国国内企业之间的资本行为也暗潮涌动，例如张裕控股新疆天珠酒业，中粮集团计划通过并购将白酒产业纳入其"全产业链"。在可预见的未来，国内外资本会通过更为灵活多样的手段进入酒业市场（横向/纵向一体化），范围也将更为广阔。

作为一种较高水平的竞争手段，资本并购已经逐渐成为中外巨头逐鹿葡萄酒市场的利器。通过资本来拓展业务进而提高企业的竞争能力，是各行业巨头应对竞争的有效手段。而在中国葡萄酒行业已经不乏这样的巨型航母，其扩张之路将为资本并购留下巨大的遐想空间。

（三）体验会所普遍化

传统上，在国内葡萄酒市场的分销领域，进口品牌与国产品牌的运营模式有着明显的区别。以张裕、长城、王朝、威龙等为首的国内大企业一直采用大代理或者分公司的模式分销自己的产品，而以富隆、骏德和夏朵等为代表的进口葡萄酒代理商主要采用连锁专卖体系来推广葡萄酒文化和推动产品销售。体验服务式推广也成为进口葡萄酒的主流推广方式，例如富隆将其营销体系分为酒窖（大型展示、品酒场地）、酒屋（专卖店）、酒坊（大型商超专区）和酒膳四大阵营，借以满足不同层次用户的需求，同时也将顾客对葡萄酒文化的体验融入其中。

在传统的金融、邮政、电信和教育等领域，由于其产品本身的可变性和易消失性使得服务成为这类企业的竞争焦点。此外，生产实体产品的企业在面对产品同质化和品牌差异化不足的竞争环境下，也打出了服务营销的大旗。以前，国内葡萄酒市场以品牌竞争为主要特点，但主要还是体现在酒企围绕实体产品和品牌定位所开展的各种营销活动中。针对葡萄酒产品的服务营销还没有被真正提到日程上来。限于行业所处的竞争阶段，酒企还暂时无法直接跨越到服务营销的竞争领域。

（四）产品开发规范化

随着国内经济的发展和民众消费能力的提高，消费者对葡萄酒的消费观念将会变得越来越开放，不论是国产葡萄酒还是进口葡萄酒，只要具有良好的性价比都会成为消费者的理想选择。而且，国外葡萄酒进入中国市场，是对国内葡萄酒市场的有益补充，它丰富了市场供给，能够满足消费者多元化的需求。通过与国内葡萄酒产品的竞争，还能够为消费者带来更多的利益组合。这都使得国内企业不仅要关注产品概念的开发与传播，还要重视产品质量本身，用更为规范的工艺与策略来开发和引导市场消费。

关于国内市场的进口葡萄酒开发，无论是张裕的先锋国际、中粮的名庄荟，还是王朝与法国吉赛福酒业的结盟，都说明国内葡萄酒企业能够更加理性地看待进口葡萄酒必将大规模进入中国市场这一事实。"鸵鸟政策"解决不了问题，如何将企业的竞争优势发挥到极致才是唯一的出路。

此外，电子商务也将成为企业日常运营和获得竞争优势的有效手段。酒类企业也将从顾客的心理层面来与市场沟通，中外合作的方式会更为丰富等，都将是未来营销环境中的可能因素。未来10年，中国葡萄酒行业将会发生深刻的变化。只有审时度势的企业才能够在新的竞争环境中站稳脚跟，获得竞争优势。

二、投资项目方向建议

葡萄酒产业投资风险低、回报稳，市场需求持续稳定增长，投资方向、投资项目也是多种多样，这些特点使其成为众多资本看好的投资产品。从土地到餐桌的每一个环节都有可投资的项目。

（一）酒庄投资项目

葡萄酒酒庄是指一个独立的葡萄酒生产单位，它包括葡萄园、酒窖、葡萄酒生产及其相关的建筑。在多数情况下，从葡萄种植、葡萄酒酿造甚至到灌装，每一生产过程都是在葡萄酒庄内完成的。

酒庄投资总体上呈乐观趋势，但绝对不是来快钱的渠道。投资者须有10年或者更长的投资回报预期，做好观念的调整。

酒庄投资最大的是葡萄园的种植和管理，一是土地成本，二是种植成本，三是管理成本，再就是酒庄文化的长期积累和品牌的打造。酒庄建设和硬件设备的购置是可以用资本量化的：若资金充足，则规模可控；若资金有限，则可以逐步完善。

通常情况下,购买已经成熟的葡萄园投入成本相对较高,但是节省了时间成本。所以,酒庄交易也是行业常见的投资行为。

中国人投资酒庄方式有三种:

一是国外购买酒庄,接收即可生产。但是弊端也是显而易见的,由于文化、理念、体制、用工法律等截然不同,酒庄维护和管理成本非常高。

二是在国内投资新建酒庄,多数情况下,需要10年以上的运营才能获得回报,目前我国酒庄大部分是这种投资方式。

三是在国内购买现成的酒庄或者入股酒庄。在诸多酒庄运营困难、资金链断裂的情况下,是一个投资的机会,这也是目前酒庄投资的主流选择。最早的案例是宁夏贺兰山酒庄被保乐力加收购,最近的案例是天鹅酿酒集团入股贺兰山东麓酒庄,生产天马葡萄酒。

(二)供应链平台建设投资项目

资本投资葡萄酒的第二种选择就是投资供应链,以市场销售为主业,建立葡萄酒的销售平台,当然不仅仅是葡萄酒销售。销售是所有葡萄酒企业的核心,也是瓶颈,解决销售问题就是解决酒庄的生存问题,推动了行业发展,级别更高,但是难度也比较大。比如平台建设前期投入虽然不大,但是要做品牌、做形象、展开销售,运营成本居高不下。

由于市场机会比较多,以1919酒类直供、名品世家、酒便利等为代表的连锁销售平台均取得了不俗的表现,并获得了众多资本的青睐。

近十年酒类赛道投融资超550亿元,酒类电商迎来爆发。值得注意的是,也买酒与酒美网等头部葡萄酒电商在2016年后没有再获得过融资,整个葡萄酒电商在2016年后也基本呈现逐年下降趋势。

(三)葡萄酒产业综合服务中心投资项目

对于多数酒庄来说,健全设备、组建相关团队和建立管理体系的资金压力大,而且利用率低。在产区酒庄集群区投资建立葡萄酒产业综合服务中心,可以解决这些酒庄面临的难题:一是向酒庄提供有偿的原料种植、葡萄酒酿造技术服务与指导；二是向酒庄葡萄园、酿酒车间提供机械化设备租赁；三是建立产品检验中心，为酒庄提供检测产品服务；四是建立集中灌装中心或者提供移动灌装、压榨设备；五是建立集中的储酒中心；六是提供葡萄与葡萄酒生产相关产品的集中采购服务；七是葡萄酒营销整合服务。这样，不但大大提高生产效率，降低固定成本投入，有利于实现种植、生产管理、存储以及灌装的机械化、智能化，还能够节省更多的管理成本、人力成本。

建立产区综合服务中心是许多产区政府正在规划建设的重要工作。该项目的投资，将会得到政府多方面的政策扶持。

（四）葡萄酒产品投资项目

产品投资，是在葡萄酒产业和市场相当发达的程度上产生的，目前中国投资人的投资目标在除了以上提到的较大规模的投资项目外，常规的葡萄酒投资项目还包括购买债券、葡萄酒经纪人服务、葡萄酒基金及个人收藏升值的投资。这几种投资目前都集中在进口葡萄酒上，国产葡萄酒产品尚未形成投资项目，但值得借鉴。

1. 购买葡萄酒债券

葡萄酒债券指的是那些被存储在海关部门指定仓库（亦指保税仓）、尚未缴纳关税和增值税的葡萄酒，即保税酒。其投资方式与金融债券有所相似，以票券或资证形式在葡萄酒债券市场上交易。这类葡萄酒的关税和增值税只在将产品从指定仓库运输出来时才计算，并且关税和增值税的计算基数是以产品原价格计算的。在交易平台上进行债券交易时，并不需要缴纳产品的税费。以债券形式获得的葡萄酒通常有比较可靠的来源，存储环境较佳，葡萄酒的品质可以得到有效的保证。不过，将葡萄酒保存在保税仓里需每年支付一定的仓管费用。目前，葡萄酒债券的发行相对较少，多以经销商发行、网上流通交易的形式出现。

2. 葡萄酒经纪人服务

实质上也就是中间商服务，主要依靠的是葡萄酒经纪人所掌握的资源和信息，由经纪人搭建起葡萄酒出售方和投资方之间的交易桥梁，使交易双方之间达成所愿，而后经纪人从中抽取一定比例的佣金。这一方式通常需要对酒进行比较严格的质量检查，以防交易欺诈。不少知名的葡萄酒公司都建立有自己的经纪人服务体系，也有一些公司提供了网络交易的平台。

3. 葡萄酒基金

这类基金由专业人士进行投资操作，准入门槛不低，但获取顶级葡萄酒的投资门槛有所降低，一般针对机构投资者和私人客户发售。以英国葡萄酒基金投资公司（The Wine Investment Fund）为例，其葡萄酒基金准投金额最低为10000英镑，管理费为1.5%，同时也收取一定的手续费。需要注意的是，这类葡萄酒基金的政策约束力和相关法规管理尚不如传统基金严格，经营不善也有倒闭崩盘的风险。

4. 期酒

期酒指的是以期货形式发售的葡萄酒。期酒投资其实就像是在投资未来，投资者看中了该酒款的表现和潜力，从专业渠道预先订购仍在桶中熟化还未装瓶发售上市的精品葡萄酒，等待葡萄酒在未来两到三年内有更出色的表现。一般来说，期酒的价格是该年份葡萄酒进入市场的第一轮价格，尚未经过市场循环，此时酒款的价格比起正式装瓶上市之后的价格要优惠许多。因而，这也是不少葡萄酒投资人士所青睐和选择的投资方式。

5. 个人收藏

个人收藏葡萄酒是最古老也是最为常见的葡萄酒投资方式。抑或说，这更多的是葡萄酒爱好者的个人喜好之选。热衷于葡萄酒的藏家们通常建有专业的酒窖，以最佳的储存环境收藏着自己钟爱或颇有价值的酒款，数量可多可少。这类葡萄酒投资的交易，可以通过个人互换和拍卖行拍卖等方式进行转手抛售。

三、投资葡萄酒旅游建议

葡萄酒旅游就是对葡萄园、酿酒厂、葡萄酒节及葡萄酒展览会的访问，这种访问把品尝葡萄酒和对葡萄酒产地特征的体验作为主要访问目的。葡萄酒旅游是一种消费行为；葡萄酒旅游是旅游目的地开发和促销与葡萄酒有关的旅游吸引物及形象的一种策略；葡萄酒旅游是葡萄酒酿酒商对消费者进行引导及直接消费的一个营销机遇。

应该指出，葡萄酒旅游是旅游业中一个相对新的概念和产品，它还在不断演化和发展。

（一）葡萄酒旅游的特征

葡萄酒旅游有以下几个特征：它是一种生活方式的体验；它包括供给和需求两方面，供给方面是葡萄酒厂和旅游运营商，需求方面是消费者（游客）；它是旅游经历的一个部分；它含有教育因素；葡萄酒只是一个地区众多旅游吸引物的一部分；葡萄酒旅游与餐饮、住宿、工艺品及环境有密切联系。葡萄酒旅游是一个市场营销的机遇。它有利于提高葡萄酒产地的经济、社会和文化价值；它是葡萄酒产地提高国内及国际旅游形象的重要手段。

（二）葡萄酒旅游的内容

游客参与葡萄酒旅游活动主要可以通过以下方式进行：参加葡萄酒产地的重大节庆日和葡萄酒节；在葡萄酒产地进餐；参加有关葡萄酒的演讲和解说；在葡萄酒产地住宿；在葡萄酒产地旅行，包括在葡萄园旅行；在葡萄酒产地的游客信息服务中心停留；在葡萄酒厂品酒及购酒；在葡萄酒产地参观展览馆、博物馆等；在葡萄酒厂或葡萄园住宿；参观葡萄酒厂生产线等。

（三）葡萄酒旅游的商业机会

葡萄酒旅游提供了很多商业机会，包括：给游客（消费者）提供了一个了解和体验新产品的机会；有助于提高葡萄酒的品牌影响力。增加利润；提供了额外的葡萄酒营销渠道；给葡萄酒酿造商提供了直接的市场反馈信息；有助于增进游客对葡萄酒产地环境和葡萄酒的认知等。

（四）对葡萄酒旅游投资的建议

在我国各产区酒庄或酒厂葡萄酒旅游资源分散、服务机制和配套设施还不是很完善、成为旅行社主题旅游项目推广还达不到游客的吃、住、行、乐的规范化的大环境下，葡萄酒企业能从长计议，扩大宣传范围。主动寻求与旅行社建立长期合作关系,将葡萄酒旅游穿插进旅行社覆盖的相应区域旅游行程进行推广,无疑对葡萄酒企业文化传播、长远品牌效应、产品销售和整体的葡萄酒文化推广是有益的。

发展葡萄酒旅游是产区政府的工作,必须重视葡萄酒旅游,制定统一规划,出台相关扶持政策。通过内引外联促进葡萄酒旅游繁荣。

具体需要政府开展以下工作:一是将葡萄酒旅游业规划作为单项列入区域经济发展规划。二是成立开发协调机构,落实葡萄酒旅游业规划的内容。成立半官方性质的葡萄酒旅游协会或类似组织,协调葡萄酒企业和旅游企业的联系。三是借鉴学习国外成功的酒庄旅游经验和模式,做好产区旅游形象定位、宣传和市场营销工作。

酒庄必须以酿造高品质的葡萄酒为中心。葡萄酒品质的高低是酒庄旅游的核心所在。这就需要从种植到酿造的全过程,把葡萄园建设成景观和绿色无公害的场所,保护好园区的微气候,保障葡萄园的"优质、稳产、长寿、美观",让游客在体验葡萄酒文化内涵的同时,领悟每一瓶葡萄酒的诞生都是人与自然和谐共生的结晶。

酒庄必须明确整体运营模式。酒庄商业运营模式本身没有定式,不同酒庄、不同背景、不同阶段都可能有所不同,而旅游往往不是运营模式,只是一种营销手段。因此,应合理地将旅游纳入到酒庄整体运营模式中。

酒庄必须独具特色。特色和个性是酒庄生命的体现。没有特色的酒庄,让人记不住,也就失去了让人们向往与购买的理由。

酒庄必须围绕葡萄酒提供特色服务,例如葡萄酒培训、葡萄酒主题餐饮,葡萄采摘、葡萄酒主题婚礼、葡萄酒游乐等。服务不仅要专业,更关键的还是特色,例如成立酒庄俱乐部,来的游客都可以有资格加盟成为俱乐部会员,享受并履行相关权利与义务。与会员之间的互动不仅在酒庄,而且可以开通网络活动,可以走出酒庄互动等。

酒庄应开发相关旅游产品。来酒庄旅游的人或者是葡萄酒爱好者,或者是潜在的爱好者,大多都会带点旅游产品留作纪念。例如葡萄酒书籍、和葡萄酒有关的工艺品、纪念酒等,有些可以代为邮寄。

总之,酒庄具有很高的旅游价值,酒庄旅游是一种可持续的长期发展的营销项目。每个酒庄要根据自身的特点,量身定制酒庄旅游模式,使其与酒庄运营管理协调发展。

第三节　投资新媒体建议

自媒体粉丝经济,颠覆了传统的营销与传播。在这个人人都是信息传播源的时代,每个人都是品牌传播的自媒体,品牌的传播和推广变得更加便捷。

一、新媒体时代葡萄酒的机会

葡萄酒行业不但是传统的行业,有着自己独特的本质,又是一个时尚的行业。在中国更是一个年轻的朝阳产业,一个和当下生活形态紧密结合的行业,也是新媒体更容易表现出色的行业。

自媒体时代的生存法则就是建立个人品牌。不只是企业、产品需要建立品牌,个人也需要建立品牌。互联网让每个人能够充分展现自己,将自己真正的爱好转变成个人品牌。同时,客户也更加精准。碎片化的市场,使圈子营销变得更加重要。

从营销的角度看,最好的传播,就是最快速地触达需要被影响的人群。在连接一切的移动互联网时代,社交的时间成本大幅降低,过去依靠电话、会议、会面沟通的方式,已经逐渐被微信所取代。如果说互联网改变了社会分工的区域障碍,那么移动社交时代,带来的是沟通与协作方式的一种彻底变革。

这些变化的背后,意味着很多"小而美"的团队和公司,具备了和那些"庞然大物"公司竞争的筹码,正在扩大着未来"小而美"的公司独特的成长空间。

二、新媒体对葡萄酒企业营销的价值

（一）找到精准消费者

自媒体可以帮助你实现这一目标。根据兴趣爱好推送，不感兴趣的人也不会关注你，经常关注你的一定是对你感兴趣的人。如果能够加强互动，必将带来更深的合作，并转化成实际的销售。

（二）培养忠实消费者

影响潜在客户购买行为产生的因素中，积极的品牌评价很重要。点赞、评论、转发，使你的品牌价值迅速发酵、增长。通过搜索，如何第一时间接触到你的客户，解决他们使用产品的困惑、消除他们的不满，赢得顾客的芳心，这是发展的大问题。

（三）注重消费者体验

未来，淘汰你的一定是顾客，而不是技术。我们必须承认一个事实：消费者已经开始全面影响企业的各项决策，企业已经无法独立创造价值。我们已经进入了体验经济时代，卖什么都是卖体验，所有的体验都是来自人与人之间的关系。

葡萄酒是极具个性的商品，消费者并不容易分辨产品之间的区别。这种情况下，体验显得更加重要。可以说，未来能真正做好客户体验，才能真正获得最大的增量成长空间。让一切接触点都有顾客体验，让人人都是客服经理，本着体验无小事的原则，真正使体验创造效益。

（四）让消费者成为传播者

对于好的东西，消费者不仅自己会认可，还会帮助你宣传，关键就是你如何推动你的粉丝来宣传。这要求企业要用长远目光来审视和维护品牌与顾客之间的关系，顾客的积极评价就是最好的营销。做品牌其实就是做口碑，服务好每一位消费者，让消费者成为你的口碑传播者，将会出现乘法效应。

三、投资葡萄酒新媒体建议

葡萄酒是不同于其他产品的特殊商品，具有物质与精神需求的综合属性，具有时尚、高雅、高级的消费认知，符合现代人们对酒精饮料的需求趋势，有故事、有文化、有体验感，非常适合新媒体传播。葡萄酒行业有巨大的新媒体传播需求，也非常迫切。但是鉴于葡萄酒行业新媒体运营缺乏专业团队、缺乏专业技能、缺乏足够的资金支持等问题，现行的生存空间狭小，为投资者留下很大机会。

到目前为止，移动端新闻聚合类媒体已接近瓶颈，其用户获取的能力近乎枯竭，但用户的使用需求尚未得到很好满足。聚合平台在数量上的扩张已面临瓶颈，但在精细化方向的扩展正当其时。同时，资讯的生产商将迎来一次更好的发展机会，对于拥有较强资讯生产能力的厂商来说，因更多渠道的打开、平台的开放，生产商会成为下一轮媒体竞争的主角，因为最后留住客户和吸引客户的仍然是内容。长远来看，在渠道和平台充分开发、相对稳定的情况下，媒体的决胜要素是资讯的质量和生产能力。竞争已进入到以内容取胜的阶段。

建议面向市场、面向消费者，以葡萄酒为核心，打造专业的综合性传播平台。平台包括音频、视频、文图传播的公众号、社交平台自媒体矩阵等传播出口，包括举办专业的葡萄酒展会、市场巡展、品鉴会、营销论坛等行业活动，包括线上、线下的销售服务平台等。

四、葡萄酒企业新媒体运营的建议

（一）确定产品定位，找到目标消费群体聚集平台

选择性价比超高的产品，确定葡萄酒产品定位，找到这个产品的客户群，确定这个客户群的喜好、习惯，找到他们习惯用的新媒体平台。然后在这个平台建立账户进行运营，再确定新媒体营销的引流方式、锁定方式、裂变方式等。

葡萄酒暴利时代已经随着国家政策、消费者认知等诸多因素的变化而被终结。假酒、山寨酒也在新媒体的曝光之下逐渐无处藏身。如果你的产品超出

预期，客户就会介绍朋友购买，这就是口碑。互联网营销，很大程度上是在做口碑营销，告诉消费者一种事实存在，消费者就会主动过来购买，这和普通的广告大有不同。

（二）通过自媒体与客户做好互动

以博客、微博、微信为代表的自媒体在追求个性化和互动性的时代具有得天独厚的优势。开通一个属于自己的微博、视频账号，平时发布一些自己销售产品的信息、葡萄酒配餐、葡萄酒美食、葡萄酒品鉴的小视频，通过发布的内容吸引葡萄酒爱好者，并通过不断的互动交流，最终产生消费。

微信朋友圈推广不容小觑，你每天发布的内容会影响很大一批喜欢刷屏的饮酒客，另外微信现在功能越来越强大，通过微信发送资料、产品信息、优惠政策等非常方便。利用好这个自媒体一定会起到事半功倍的效果。

（三）通过搜索推广增加品牌曝光度

用户获取信息很大程度上都要通过搜索引擎获取，电脑端的百度、360搜索、搜狗搜索，手机端的必应、神马均是用户应用比较多的搜索工具，所以利用搜索引擎做好推广也是十分有必要的。

葡萄酒企业可以选择百度新闻源网站、分类信息平台、权重较高的论坛、百度知道、贴吧等平台发布信息。发布的内容、标题合理得当，会起到提升排名的效果，运气好的话还会直接收获订单。

总之，在网络时代，无论是怎样的新媒体，都必须内容为王，按照国家对文化建设的总体方向，"固本培元，守正创新"。新媒体是文化传播的媒介，无论怎样的形式，传递的信息、表达的内容必须是真知识，而不是虚假广告、肆意歪曲科学的伪知识。目前新媒体内容泛滥，葡萄酒伪知识、伪科学严重误导了消费，损坏了产业形象，伤害了消费者的信心。

第四节　投资葡萄酒产业数字化平台项目建议

对整个葡萄酒产业而言，数字化是未来行业高质量发展的趋势，也是未来企业竞争的关键性因素，更是应对后疫情时代复杂市场环境的有力工具。数字化时代已经到来，葡萄酒产业数字化发展也并非一日之功。数字化转型需要将业务形态、组织机构、企业文化、技术管理等各方面进行调整重塑。葡萄酒产业数字化转型也在由"经验流程驱动"不断向"数字智能驱动"升级。未来，数字化发展也将成为葡萄酒企业思维转变、组织架构调整以及商业模式变革的契机。

早在2016年，茅台集团就开始投入研究区块链技术。2017年的贵阳数博会上，就茅台酒的防伪打假问题，腾讯公司董事会主席兼首席执行官马化腾表示，未来基于云端的、融合了区块链技术的互联网防伪方式，要远比依靠防伪商标的传统防伪方式更为有效。

2020年10月，张裕与腾讯合作开发并上线了中国酒业首个区块链平台。国家葡萄酒、白酒、露酒产品质量监督检验中心已成为张裕区块链平台的节点之一，实现了对张裕产品上链数据的第三方认证。区块链技术为葡萄酒产品提供了可靠的防伪及溯源功能，有望解决消费者较为关心的酒类产品假冒伪劣问题。消费者可以随时查看流通链条上每一瓶酒经历过的各个环节情况。

2021年4月，中国葡萄酒数字化研究院宣告成立，张裕、中粮长城、威龙、王朝、中葡、茅台葡萄酒作为首批酒企加入研究院，开启了中国葡萄酒产业数字化发展的序幕。除了推动中国酒业区块链技术的运用外，研究院将通过大数据指导中国葡萄酒行业在产品口味、包装、广告营销、消费者习惯培养等方面的发展。

一、葡萄酒产业数字化转型的概念

葡萄酒产业数字化转型是指行业利用新一代数字技术，将供应链或某个生产经营环节乃至整个业务流程的物理信息链接起来，形成有价值的数字资产，通过计算反馈有效信息，最终赋能到企业商业价值的过程。葡萄酒产业的数字化包括供应链系统数字化、技术研发数字化、生产运营数字化、营销数字化、精细管理数字化等，其中企业经营数字化是重点。疫情凸显出数字经济的韧性和优势，也反映出产业数字化的必要性和紧迫性。伴随中国经济发展双循环战略的明晰，启动国内经济高质量循环的关键，就在于各个产业的数字化转型。数字化是"十四五"期间中国经济转型升级的必然趋势，也是新时代条件下各行各业创新发展的客观要求。数字科技与葡萄酒产业实体紧密相连，共建共生，抓住产业革命机遇，找到新市场、新赛道，是葡萄酒产业在新业态下的制胜之道。

二、我国葡萄酒产业数字化转型的路径

企业数字化转型是一项周期长、投资大的复杂工程。从硬件购买到系统运行实施，从基础设备更新换代到组织人力的优化及培训，需要持续不断的资金投入，单个企业很难实现转型。

（一）政府引导，政企联合，共建数字化转型服务平台

2020年5月，国家发展改革委官网发布"数字化转型伙伴行动"倡议，为企业实现数字化转型和产业升级给出十分明确的政企联合共建的途径。

倡议提出，政府和社会各界联合起来，共同构建"政府引导—平台赋能—龙头引领—机构支撑—多元服务"的联合推进机制，以带动中小微企业数字化转型为重点，在更大范围、更深程度推行普惠性"上云用数赋智"服务，提升转型服务供给能力，加快打造数字化企业，构建数字化产业链，培育数字化生态，形成数字化生态共同体，支撑经济高质量发展。因此，政府要率先解决数字化转型最难的专业技术资源、人力资源、资金投入的整合、建立共享平台等

问题,为企业转型赋能。

政府可从四个方面入手。一是优化产业数字化高质量成长的环境,为葡萄酒数字经济创新平台搭建、孵化、成长提供高标准的配置和政策扶持。统筹数字化落地政策和配套基础设施,扶持一批数字经济重大项目平台和示范点企业,整合税务、金融、土地、人才政策,全力推动当地葡萄酒产业数字化发展。二是加强数字基础建设,积极参建5G、云服务、互联网基础传感器、区块链技术等数字化基建,为工业互联网赋能葡萄酒产业链数字化转型提供基础条件。三是配套葡萄酒产业基金,积极开展葡萄酒产业科技成果落地奖励,完善地区葡萄酒专业人才引进和激励机制。四是数字化平台信息共享,分析和共享产业信息,及时掌握市场动态和产业政策,灵活组织产能和人力安排,提高葡萄酒产业链风险应对能力,引导上下游全产业链金融数字化共享,联合质押,提升资金使用效率。

在这一方面,宁夏贺兰山东麓银川产区率先走出了第一步。2022年12月,银川市葡萄酒产业发展服务中心谋划建设葡萄酒产业数字化服务平台项目报告已经通过银川市网信局审核,项目设计方案已编制完成。《银川市葡萄酒产业数字化服务平台项目》将借助互联网、物联网、可视化等现代信息技术,实现葡萄酒生产管理数字化、品牌营销数字化、行业监管数字化,最终实现"数字产业化、产业数字化"的建设目标,促进银川市葡萄酒产业发展方式转变和高质量发展,全方位提升产区品牌影响力,助力提升葡萄酒产业综合效益。

(二)行业组织

推动葡萄酒产业数字化转型,葡萄酒行业组织可从两方面入手。一是数字化互助与信息共享,行业牵头,建立葡萄酒产学研数字化研究院,整合全球人才和平台资源优势,推进葡萄酒数字化原创性成果,参与数字化"卡脖子"技术攻关,通过研究院平台指导中国葡萄酒行业的数字化市场培育、数字化种植、数字化生产、数字化葡萄酒文化等工作。二是组织行业内部企业数字化交流和协作,共克时艰,在不确定的市场环境中寻求合作和进步,共同推进中国葡萄酒产业发展,提升国际竞争力。

（三）龙头引领

数字化对于酒类行业和流通行业的改造和转型一直在进行，只不过疫情令原有的线下推广、渠道、品鉴客情等酒企日常使用的模式阶段性失效，所以凸显了数字化转型的紧迫性和必要性。企业可从三方面入手。一是上下游客户建立统一的产业链数字化协同平台，关注上下游企业运营敏捷性和快速反应，积极沟通，合理调整采购、销售分销计划。二是企业内部合作与协同，法务、人事、销售、生产等部门积极协作，一旦产业链环节出现风险或问题，快速寻求解决办法，协调原材料的储备管理，渡过疫情风险和经营困难期。三是培育新产品、创新经营新模式，全方位为产业链数字化协同注入新动能。

张裕是非常注重数字化转型的企业，他们清醒地认识到后疫情时代消费市场呈现出"线上获客"对"传统获客"的加速替代、"线上购物"对"线下购物"的加速替代、"体验式场景"对"传统实体店"的加速替代三大趋势。

2020年，张裕的一大重点改革方向是"加速推进营销数字化转型"，并由过去的计划于两年内实现，提前到2020年底前完成。

2021年，张裕在成都举办了一场主题为"春暖花自开"的春飨会，集中展示了张裕在数字化领域的成果：腾讯优码、"张裕品质生活+"小程序、"张裕葡萄酒官方旗舰店"智慧零售商城、张裕果趣企业微信数字化工具与平台等产品。

长城葡萄酒在2020年6大重点项目中，将"智慧长城"和"城享会"两个与数字化营销紧密结合的项目提到了现阶段的最高优先级，目的是加速长城葡萄酒品牌的数字化进程。

第五节　行业投资风险分析

一、政策风险

为了推动改革开放的发展进程，国家近年来不断加强对外招商引资力度，各地政府对来华投资的外商普遍持欢迎态度,这无疑有利于国外葡萄酒企业入驻中国市场。中国加入世界贸易组织后,葡萄酒进口关税持续下降,不仅降低了进口葡萄酒商的运营成本,也减小了他们的财务风险。同时,加大了国外企业在国内的行业竞争力度,冲击了国产葡萄酒的市场份额。

二、自然灾害风险

葡萄酒的质量取决于葡萄原料的质量,葡萄产量与质量又由产地当年的气候条件和葡萄栽培管理水平决定。因此,当某一年的天气情况不利于葡萄生长或正常成熟时,葡萄原料的采购成本将会增加,在我国葡萄埋土防寒区(多数在西北部、中部地区),每年的晚霜对葡萄来说是一个非常大的威胁,严重影响葡萄的质量和产量。

三、市场风险

目前,国内葡萄酒行业产品质量整体提高,低价竞争的现象减少,行业进入品牌资产争夺期。张裕、长城作为一线品牌领导全国葡萄酒市场,部分区域强势品牌各自画地为营,应该说葡萄酒行业的品牌壁垒已经形成,这将大大挑战认知度较小的品牌的市场竞争力。除此之外,国内几大企业最近几年凭借雄厚的基础与实力,通过不断的扩产与并购,不仅成功地巩固企业在行业中的地位,也进一步提高了行业的品牌集中度,使得市场份额急速向行业领导者与强势竞争者靠拢,从而压缩了其他市场跟随者的生存空间。

四、财务风险

葡萄酒价格的确定主要取决于葡萄酒的生产成本、目标利润和税金,此外还受到行业技术发展水平、相关物品价格、行业竞争情况及消费者偏好等因素的影响。近几年国内葡萄酒行业整体价格水平趋于稳定,但价格仍偏高,这使得葡萄酒在同类产品比较中失去了价格优势。

资金积压的风险、资金回笼不畅是葡萄酒经营中经常遇到的问题,它直接影响到企业资金的周转速度，从而会提高企业资金成本，降低企业利润。

财务管理制度的建立是公司财务控制的有力保障，但是财务管理制度及财务人员的岗位责任制需要不断地完善和发展、落实和监督，一旦出现公司相关人员由于未能正确理解和把握相关规定而导致财务制度不能有效贯彻执行，公司将会面临财务的内部控制风险。

五、经营管理风险

经营管理能力的强弱、管理经验是否充足以及管理者的素质和工作能力等，都会给公司带来一定的经营管理风险。今后整个行业发展速度将会进一步加快，尽管公司都会十分注重组织模式和管理制度的建立、完善和优化，但是制度的完善和优化需要一定的过程，因而不排除完善的速度滞后于发展速度的可能。

主要参考文献

[1] 陈强强等：《河西走廊葡萄酒产业链整合模式研究》，《生产力研究》2019年第2期，第89—96页。

[2] 戴浩林：《安琪酵母优质葡萄酒辅料适应更多需求》，《酿酒科技》2013年第3期，第74页。

[3] 丁蕾：《场景营销:开启移动互联网时代的营销新思维》，《出版广角》2017年第3期，第65—67页。

[4] 丁银霆等：《葡萄生态系统中自然微生物群落多样性及其代谢酶系统的研究现状》，《微生物学通报》2021年第8期，第2837—2852页。

[5] 董晓雅：《宁夏:中国葡萄酒当惊世界殊》，《中国酒》2022年第9期，第50—51页。

[6] 杜昕然：《产业数字化发展的战略逻辑与现实举措》，《理论视野》2022年第7期，第56—60页。

[7] 段长青等：《新中国果树科学研究70年——葡萄》，《果树学报》2019年第10期，第1292—1301页。

[8] 付冬梅等：《基于工程教育认证理念的葡萄与葡萄酒工程专业应用型人才培养初探——以大连工业大学为例》，《科技风》2021年第10期，第160—161页。

[9] 高攀：《酒文化主题公园景观设计研究》，江西农业大学2019年硕士学位论文。

[10] 顾明远：《中国现代教育学科的创立与发展》，《北京师范大学学报(社会科学版)》2022年第5期，第5—9页。

[11] 顾沛雯、辛明：《葡萄病理与昆虫学》，阳光出版社2018年版。

[12] 郭王玥蕊：《企业数字资产的形成与构建逻辑研究——基于马克思主义政治

经济学的视角》,《经济学家》2021年第8期,第5—12页。

[13] 韩永奇:《葡萄与葡萄酒产业在全面建成小康社会中的地位作用及政策建议》,《农业部管理干部学院学报》2017年第3期,第24—30页。

[14] 韩星等:《冬季免埋防寒栽培措施对酿酒葡萄产量与品质的影响》,《中外葡萄与葡萄酒》2018年第6期,第1—5页。

[15] 何瑜:《中国葡萄酒产业竞争力研究》,西北农林科技大学2013年博士学位论文。

[16] 黄辉白:《我国北方葡萄气候区域的初步分析》,《北京农业大学学报》1980年第2期,第43—51页。

[17] 胡冬梅:《银川市葡萄酒产业发展服务中心谋划建设葡萄酒产业数字化服务平台》,《中国日报》2022年12月15日。

[18] 姜建福等:《中国葡萄品种选育的成就与可持续发展建议》,《中外葡萄与葡萄酒》2018年第1期,第60—67页。

[19] 李冬、王琦:《我国葡萄酒产业健康发展的重要意义》,《农村·农业·农民(A版)》2022年第4期,第28—29页。

[20] 李华:《葡萄酒口感及香气的平衡》,《酿酒》1993年第6期,第3—5页。

[21] 李华:《葡萄栽培学》,中国农业出版社2008年版。

[22] 李华:《中国冬季埋土防寒区葡萄种植模式"爬地龙"的整形与修剪》,西北农林科技大学出版社2015年版。

[23] 李华等:《葡萄酒卫生学》,科学出版社2022年版。

[24] 李华、火兴三:《酿酒葡萄区划热量指标的研究》,《西北农林科技大学学报(自然科学版)》2006年第12期,第69—73页。

[25] 李华、火兴三:《中国酿酒葡萄气候区划的水分指标》,《生态学杂志》2006年第9期,第1124—1128页。

[26] 李华、李甲贵:《中国葡萄酒品类的构建与发展——兼论酒庄葡萄酒的市场前景》,《西北农林科技大学学报(社会科学版)》2012年第5期,第146—150页。

[27] 李华等:《改革开放30年中国葡萄与葡萄酒产业发展回顾》,《现代食品科

技》2009年第4期，第341—347页。

[28] 李华、王华：《葡萄酒产业发展的新模式——小酒庄，大产业》，《酿酒科技》2010年第12期，第99—101页。

[29] 李华、王华：《中国葡萄酒（第二版）》，西北农林科技大学出版社2015年版。

[30] 李华、王华：《中国葡萄气候区划》，西北农林科技大学出版社2016年版。

[31] 李华、王华：《论中国葡萄酒产业的生态文明建设》，《中外葡萄与葡萄酒》2016年第1期，第52—55页。

[32] 李华、王华：《现代科学对传统葡萄酒产业发展的推动作用》，《科技导报》2017年第21期，第139—140页。

[33] 李华、王华：《葡萄酒酿造与质量控制手册》，西北农林科技大学出版社2017年版。

[34] 李华、王华：《一种适应我国埋土防寒区可持续葡萄栽培模式》，《中外葡萄与葡萄酒》2018年第6期，第68—73页。

[35] 李华、王华：《中国葡萄酒（第二版）》，西北农林科技大学出版社2019年版。

[36] 李华、王华：《极简化生态葡萄栽培》，《中外葡萄与葡萄酒》2020年第4期，第47—51页。

[37] 李华、王照科：《葡萄酒品尝过程中的美感》，《酿酒科技》2005年第9期，第87—91页。

[38] 李华等：《葡萄新品种——爱格丽》，《园艺学报》2000年第1期，第75页。

[39] 李怀宇、贺茜：《宁夏葡萄酒与文化旅游产业融合发展路径研究》，《中阿科技论坛（中英文）》2023年第4期，第28—32页。

[40] 李换梅等：《基于RBV视角的我国葡萄酒产区竞争力研究》，《中国酿造》2016年第10期，第189—192页。

[41] 李记明：《葡萄酒产业30年发展回顾》，《中外葡萄与葡萄酒》2009年第3期，

第61—66页。

[42] 李世轩等：《基于能级——联动下丹凤葡萄酒产业发展规划研究》，《中国酿造》2022年第8期，第252—256页。

[43] 李夏耘：《北京房山：打造葡萄酒庄田园综合体》，《今日中国》2018年6月13日。

[44] 李亚军：《地理标志产品保护对贺兰山东麓葡萄酒的发展影响》，《企业改革与管理》2018年第7期，第216—217页。

[45] 李雅善等：《基于〈华盛顿协议〉的葡萄与葡萄酒工程专业实践教学体系的构建与探索——以楚雄师范学院为例》，《高教学刊》2020年第15期，第84—88页。

[46] 李媛媛等：《我国葡萄酒产业竞争力提升路径探析》，《中外葡萄与葡萄酒》2022年第3期，第78—83页。

[47] 李志义、赵卫兵：《我国工程教育认证的最新进展》，《高等工程教育研究》2021年第5期，第39—43页。

[48] 刘凤之：《中国葡萄栽培现状与发展趋势》，《落叶果树》2017年第1期，第1—4页。

[49] 刘凤之等：《我国主要果树产业现状及"十四五"发展对策》，《中国果树》2021年第1期，第1—5页。

[50] 刘国买等：《组织创新视角下现代产业学院发展特征与变革路径——首批现代产业学院建设案例分析》，《高等工程教育研究》2022年第5期，第80—86页。

[51] 刘世松、唐文龙：《中国葡萄酒生产与市场发展70年》，《中外葡萄与葡萄酒》2020年第1期，第9—14页。

[52] 刘旭等：《葡萄与葡萄酒工程专业本科生双创教育模式的探索与实践——以西北农林科技大学葡萄酒学院为例》，《黑龙江教育（高教研究与评估）》2019年第8期，第77—79页。

[53] 卢智慧：《中国高端葡萄酒营销策略研究》，《商业经济》2015年第10期，第76—77页。

[54] 吕庆峰、张波：《先秦时期中国本土葡萄与葡萄酒历史积淀》，《西北农林科技大学学报（社会科学版）》2013年第3期，第157—162页。

[55] 吕婷玉：《国内葡萄酒电商模式浅析》，《市场周刊（理论研究）》2017年第1期，第53—54页。

[56] 罗国光等：《华北酿酒葡萄气候区划指标的筛选与气候分区》，《园艺学报》2001年第6期，第487—496页。

[57] 米乎财经：《葡萄酒行业数据分析：2021年中国67.9%白领群体偏好国内葡萄酒品牌》，搜狐网，2021年12月14日。

[58] 苗冠军等：《产区竞争时代下的中国葡萄酒产区产业竞争力评价》，《湖北农业科学》2019年第19期，第78—83页。

[59] 穆维松等：《中国葡萄酒产业发展形势及市场需求特征分析》，《中外葡萄与葡萄酒》2022年第4期，第81—89页。

[60] 潘明启等：《新疆酿酒葡萄生产现状、主要问题及技术对策》，《中外葡萄与葡萄酒》2014年第4期，第71—72页。

[61] 杜春春：《山西戎子酒庄咬定转型目标带领农户共同致富》，《山西日报》2022年6月9日。

[62] 石淑芹等：《基于空间插值技术和辅助信息的吉林省玉米土地生产潜力研究》，《干旱地区农业研究》2011年第5期，第209—218页。

[63] 宋歌、温兴琦：《基于创新理论的企业环境创新研究》，《科技进步与对策》2012年第5期，第74—77页。

[64] 孙君宏、刘晨：《乡村振兴视角下中国葡萄酒产业融合发展探析》，《中外葡萄与葡萄酒》2021年第4期，第100—104页。

[65] 唐文龙：《探寻中国葡萄酒的营销新方向》，《中国酒》2008年第2期，第62—63页。

[66] 唐文龙等：《葡萄酒产品的质量维度与市场表达体系》，《中外葡萄与葡萄酒》2022年第6期，第19—23页。

[67] 唐文龙等：《中国市场葡萄酒消费价值符号的更迭与变迁》，《酿酒》2022年

第2期，第58—63页。

[68] 唐文龙等：《2012—2020年中国葡萄酒行业回顾与展望》，《中外葡萄与葡萄酒》2021年第5期，第87—93页。

[69] 陶永胜等：《基于国际化视角探索我国葡萄酒专业教育应对策略》，《中国酿造》2012年第9期，第190—192页。

[70] 田亚男：《酒文化博物馆的初步研究》，吉林大学2017年硕士学位论文。

[71] 王春梅：《钻石模型视角下贺兰山东麓葡萄酒产业竞争力研究》，《农业科技与信息》2021年第14期，第57—60、64页。

[72] 王君等：《"产学合作协同育人"背景下复合应用型人才培养模式研究与实践——以葡萄与葡萄酒工程专业为例》，《农产品加工》2021年第10期，第94—96、99页。

[73] 王海波等：《我国葡萄产业现状与存在问题及发展对策》，《中国果树》2010年第6期，第29—71页。

[74] 王华：《中国葡萄酒的风格》，《酿酒》2010年第6期，第5—7页。

[75] 王华等：《酿酒葡萄成熟度与主要气象因子关系研究》，《西北农业学报》1993年第4期，第71—74页。

[76] 王华等：《葡萄酒的古文明世界、旧世界与新世界》，《西北农林科技大学学报（社会科学版）》2016年第6期，第150—153页。

[77] 王华等：《葡萄酒与健康》，《中国酿造》2022年第3期，第1—5页。

[78] 王蕾等：《中国葡萄气候区划Ⅰ：指标与方法》，《科学通报》2017年第14期，第1527—1538页。

[79] 王徽等：《基于产业集群视角的中国葡萄酒产业发展分析》，《宁夏农林科技》2017年第10期，第55—57页。

[80] 王璇等：《我国苹果产业年度发展状况及其趋势与建议》，《中国果树》2018年第3期，第101—104、108页。

[81] 王银川、汪泽鹏：《宁夏贺兰山东麓葡萄气候及品种区划与产地选择》，《宁夏农林科技》2000年第2期，第24—26页。

[82] 吴辉航等：《中国外资私募证券基金行业发展现状及未来展望》，《清华金融评论》2022年第6期，第107—112页。

[83] 武运等：《新疆葡萄酒产业发展趋势新视角探析》，《中国酿造》2018年第10期，第195—199页。

[84] 新京报：《近十年酒类赛道投融资超550亿元，酒类电商迎来爆发》，新浪网，2021年5月24日。

[85] 夏积仁：《现代产业学院建设的模式、特征及有效路径》，《宁波工程学院学报》2022年第2期，第104—110页。

[86] 谢建江：《我国葡萄酒市场发展与企业营销策略选择——兼论永裕酒业差异化营销策略》，《价格理论与实践》2017年第2期，第161—162页。

[87] 修德仁等：《干红葡萄酒用品种气候区域化指标分析及基地选择》，《葡萄栽培与酿酒》1997年第3期，第22—26页。

[88] 薛婷婷等：《埋土防寒区葡萄不同越冬措施的防风沙效应风洞试验研究》，《泥沙研究》2018年第5期，第58—64页。

[89] 徐绍荣等：《基于钻石模型的烟台葡萄酒产业竞争力影响因素研究》，《山东农业科学》2016年第2期，第170—172页。

[90] 徐先航：《中国葡萄酒产业国际竞争力评价研究》，《价格理论与实践》2020年第1期，第171—174页。

[91] 杨承时：《关于新疆葡萄栽培与加工业区域化问题》，《新疆农业科学》1984年第1期，第28—31页。

[92] 杨珩、姜玲：《媒体融合背景下葡萄酒品牌塑造与传播机制分析》，《中外葡萄与葡萄酒》2022年第1期，第85—89页。

[93] 杨和财等：《我国葡萄酒标准及相关规章建设现状与发展趋势》，《中国酿造》2009年第8期，第181—183页。

[94] 杨亚蒙等：《2000年以来我国葡萄国外引种概况》，《中外葡萄与葡萄酒》2018年第2期，第54—59页。

[95] 叶正文、寇兆民：《谈中国葡萄酒的发展现状》，《酿酒》2012年第5期，第

17—21页。

[96] 于宝丰：《"王朝"辉煌的十五年——记中法合营王朝葡萄酒公司》，《中国对外贸易》1995年第10期，第44页。

[97] 余南平：《全球数字经济价值链"轴心时代"的塑造与变革》，《华东师范大学学报（哲学社会科学版）》2021年第4期，第124—135、183页。

[98] 张波等：《新工科背景下葡萄与葡萄酒工程专业人才培养模式研究》，《吉林工程技术师范学院学报》2021年第3期，第53—55页。

[99] 张建生：《中国葡萄酒市场年度发展报告（2016—2017）》，西北农林科技大学出版社2017年版。

[100] 张建生：《中国葡萄酒市场年度发展报告（2018—2019）》，西北农林科技大学出版社2021年版。

[101] 张军翔：《葡萄酒庄管理》，科学出版社2022年版。

[102] 张亮等：《葡萄园生态系统碳源/汇及碳减排策略研究进展》，《植物生态学报》2020年第3期，第179—191页。

[103] 张国清：《贺兰山东麓葡萄酒产业品牌建设亟需解决的突出问题及对策》，《宁夏党校学报》2022年第1期，第123—128页。

[104] 张梅等：《葡萄酒有了"中国芯"——刘延琳教授团队科研成果填补我国葡萄酒行业空白》，《陕西日报》2022年7月5日。

[105] 张远记、渠继光：《后疫情时代中国葡萄酒产业的数字化创新》，《中外葡萄与葡萄酒》2022年第3期，第84—88页。

[106] 张振文等：《优质抗病酿酒葡萄新品种"媚丽"》，《园艺学报》2013年第8期，第1611—1612页。

[107] 赵狄娜：《行走多彩黄河》，《小康》2022年第28期，第30—33页。

[108] 赵倩：《宁夏贺兰山东麓葡萄酒已出口20多个国家获千余国际大奖》，吴忠网，2020年10月16日。

[109] 赵耀等：《葡萄酒类会展促进产业融合的机制分析》，《中国酿造》2019年第8期，第211—215页。

[110] 郑怀堂等：《物理方法疏花疏果对酿酒葡萄病害发生的影响》，《中外葡萄与葡萄酒》2018年第6期，第55—58页。

[111] 钟延平等：《我国酿酒葡萄引种及品种选育概况》，《农业科技通讯》2020年第9期，第214—220页。

[112] 朱子婷：《基于SWOT分析法的河西走廊葡萄酒产业发展路径选择》，《甘肃农业科技》2022年第8期，第12—17页。

[113] Assandri G.et al., "Beautiful agricultural landscapes promote cultural ecosystem services and biodiversity conservation", *Agriculture, Ecosystems & Environment*, 2018, 256: 200—210.

[114] Boran H. U.et al., "Comparative study on the changes of aroma components in the grape and dry red wine of Cabernet Sauvignon", *Journal of Animal & Plant Sciences*, 2015, 25(3): 240—246.

[115] Charters S., "New World and Mediterranean wine tourism: A comparative analysis", *Tourism: An International Interdisciplinary Journal*, 2009, 57(4): 369—379.

[116] CNCCEF., Wine in the world as we approach 2050, Paris, 2009: 23-28.

[117] Daane K. M. et al., "Native grass ground covers provide multiple ecosystem services in Californian vineyards", *Journal of Applied Ecology*, 2018, 55(5): 2473—2483.

[118] Donohue R. J. et al., "On the importance of including vegetation dynamics in Budyko's hydrological model", *Hydrology and Earth System Sciences*, 2007, 11(2): 983—995.

[119] Fusi A. et al., "Delving into the environmental aspect of a Sardinian white wine: From partial to total life cycle assessment", *Science of the Total Environment*, 2014, 472: 989—1000.

[120] Giulia M.and Johan S., "The Political Economy of European Wine Regulations", *Journal of Wine Economics*, 2013, 8(3): 244—284.

[121] Han X.et al.,"A Sustainable Viticulture Method Adapted to the Cold Climate Zone in China", *Horticulturae*, 2021, 7(6): 150.

[122] Han X.et al.,"Effects of biodegradable liquid film on Cabernet Sauvignon (V. vinifera L.) grape quality", *Agriculture*, 2022, 12(5): 604.

[123] Jane G.,"The meaning of wine in Egyptian tombs: the three amphorae from Tutankhamun's burial chamber", *Antiquity*, 2011, 85(329): 851.

[124] Jiao L. and Ouyang S.,"*The Chinese Wine Industry*": The Palgrave Handbook of Wine Industry Economics,Palgrave Macmillan, 2019.

[125] Johnson H. and Robinson J., *The World Atlas of Wine*, Octopus Publishing Group, 2014.

[126] Lal R.,"Soil carbon sequestration impacts on global climate change and food security", *Science*, 2004, 304(5677): 1623—1627.

[127] Li H.et al.,"The worlds of wine: old, new and ancient", *Wine Economics and Policy*, 2018, 7(2): 178—182.

[128] Li H. and Wang H., *Overview of wine in China*, EDP Sciences, 2022.

[129] Li S. Y. et al.,"An overview of non-conventional water resource utilization technologies for biological sand control in Xinjiang, northwest China", *Environmental Earth Sciences*, 2015, 73(2): 873—885.

[130] Liu N.et al.,"Aroma composition and sensory quality of Cabernet Sauvignon wines fermented by indigenous saccharomyces cerevisiae strains in the Eastern Base of the Helan Mountain, China", *International Journal of Food Properties*, 2016, 19(11):2417—2431.

[131] McGovern P. E.,"Fermented beverage of pre-and proto-historic China", *PNAS*, 2004, 101(51): 17593—17598.

[132] Mcgovern P. E. et al.,"Neolithic resinated wine", *Nature*, 1996, 381(6582): 480—481.

[133] Morandé J. A. et al.,"From berries to blocks: carbon stock quantification

of a California vineyard", *Carbon Balance Manage*, 2017, 12(1): 5—17.

[134] OIV, "*2019 Statistical report on world vitiviniculture*", https://www.oiv.int/public/medias/6782/oiv-2019-statistical-report-on-world-vitiviniculture.pdf, 2020.

[135] OIV, "*Note de conjoncturevitivinicolemondiale 2020*", https://www.oiv.int/public/medias/8732/oiv-note-de-conjoncture-vitivinicole-mondiale-2020.pdf, 2021-4.

[136] OIV, "*State of the World Vine and Wine Sector 2021*", https://www.oiv.int/sites/default/files/documents/ENG_State%20of%20the%20world%20vine%20and%20wine%20sector%20April%202022%20v6.pdf, 2022-4.

[137] OIV, "*Datebases and Statistics/Datebace*", https://www.oiv.int/what-we-do/data-discovery-report? oiv. 2022-12-20.

[138] Pizzigallo A. C. I. et al., "The joint use of LCA and emergy evaluation for the analysis of two Italian wine farms", *Journal of Environmental Management*, 2008, 86(2): 396—406.

[139] Vine R. P., *Commercial winemaking, processing and controls*, Avi Publishing Company, 1981.

[140] Wang R. et al., "Effects of regulated deficit irrigation on the growth and berry composition of Cabernet Sauvignon in Ningxia", *International Journal of Agricultural and Biological Engineering*, 2019, 12(6): 102—109.

[141] Wang X. et al., "Study on current status and climatic characteristics of wine regions in China", *Vitis*, 2018, 57(1):9—16.

[142] Wang Y. et al., "Kaolin particle film protects grapevine cv. Cabernet Sauvignon against downy mildew by forming particle film at the leaf surface, directly acting on sporangia and inducing the defense of the plant". *Frontiers in Plant Science*, 2022a, 12: 3288.

[143] Wang Y., Cao X., Wang Z., et al., "Kaolin particle film limits grapevine

downy mildew epidemic under open-field conditions and stimulates the plant defense response", *Australian Journal of Grape and Wine Research*, 2022b, 28(4): 545—560.

[144] Wang Z.-L. et al., "Ecosystem service function and assessment of the value of grape industry in soil-burial over-wintering areas", *Horticulturae*, 2021a, 7(7):202.

[145] Wang Z.-L.et al., "Intraspecific recurrent selection in V. vinifera: an effective method for breeding of high quality, disease-, cold-, and drought-resistant grapes", *Euphytica*, 2021b, 217(6): 111.

[146] Wei R.-T. et al., "Diversity and dynamics of epidermal microbes during grape development of Cabernet Sauvignon (Vitis vinifera L.) in the ecological viticulture model in wuhai, China", *Frontiers in Microbiology*, 2022a, 13: 935647.

[147] Wei R.-T. et al., "Natural and sustainable wine: a review", *Critical Reviews in Food Science and Nutrition*, 2022b: 1—12.

[148] Wei R.-T.et al., "Correlations between microbiota with physicochemical properties and volatile compounds during the spontaneous fermentation of Cabernet Sauvignon (Vitis vinifera L.) wine", *LWT-Food Science and Technology*, 2022c, 163: 113529.

[149] Wightwick A. M. et al., "Industry wide risk assessment: A case study of Cu in Australian vineyard soils", *Water Air and Soil Pollution*, 2013, 224: 1—8.

[150] Williams J. N. et al., "Assessment of carbon in woody plants and soil across a vineyard-woodland landscape", *Carbon Balance and Management*, 2011, 6: 11—20.

[151] Xue T.-T. et al., "Effects of a biodegradable liquid film on winter chill protection of winegrape cultivars", *Scientia Horticulturae*, 2019, 246:

398—406.

[152] Zhang, L. et al., "Carbon storage distribution characteristics of vineyard ecosystems in Hongsibu, Ningxia", *Plants*, 2021a, 10(6): 1199.

[153] Zhang L. et al., "Combating desertification through the wine industry in Hongsibu, Ningxia", *Sustainability*, 2021b, 13(10): 5654.

[154] Zhang L. et al., "The effect of vineyard reclamation on soil properties and microbial communities in desertified land in Hongsibu, Ningxia", *Catena*, 2022, 211: 106002.

后 记

乡村振兴首在产业,如果产业不能振兴,乡村振兴就会成为空中楼阁。葡萄酒产业是一、二、三产业高度融合的复合型产业,产业链长,关联性强,与"三农"问题、"乡村振兴"和生态文明建设息息相关,是乡村振兴过程中优先发展的产业之一,符合乡村振兴的新要求。据国际葡萄与葡萄酒组织的统计资料,2021年,中国葡萄种植面积78.3万公顷,葡萄酒产量5.9亿升,葡萄酒消费量10.5亿升,分别比1987年、1988年、1989年增长5.1倍、2.1倍、2.8倍,分别居世界第三位、第十一位、第七位,成为稳定全球葡萄酒产业的主要动力,中国已进入世界葡萄酒产业大国行列,中国消费者正在成为世界葡萄酒消费的"生力军"。国内大量葡萄酒庄应运而生,越来越多的国际葡萄和葡萄酒投资商将目光投向了中国。葡萄酒产业被认为是推动乡村振兴的重要抓手。

乡村振兴战略旨在推动农业农村取得历史性成就、发生历史性变革。服务国家重大战略需求是各产业实现突破和发展的最佳选择。在中国乡村发展志愿服务促进会领导的关心和指导下,中国乡村发展志愿服务促进会产业促进部委托李华教授牵头,主编的《中国葡萄酒产业发展蓝皮书(2022)》一书能如期编撰、出版、发行,显示出"产业兴旺"独到的时代主题价值。本书基于葡萄酒产业的发展状况,以中国葡萄酒产业新征程为起篇,分析了中国葡萄酒市场新格局以及产业竞争力,总结了中国葡萄酒产业助推乡村振兴的新模式,科学研判了中国葡萄酒行业科技、产业发展和供需关系的新趋势,最后提出了我国葡萄酒行业未来发展的路径及投资建议,旨在分析中国葡萄酒产业的历史、现状、问题和发展趋势,为政府、企业和消费者提供参考和建议,同时让读者全面了解中国葡萄酒的历史、现状和未来。本书可供葡萄与葡萄酒组织、相关单位及爱好者开展学习交流使用,有利于促进产业向生态化、绿色化、智慧化、智能化、信息化发展，推动乡村振兴，提升乡村发展的内生活力，为人们美化生活提供葡萄酒大产业样板。

本书各章节撰写人员如下：

第一章，李华（原西北农林科技大学常委、副校长、西北农林科技大学葡萄酒学院创院院长、终身名誉院长、教授、博士生导师）、房玉林（西北农林科技大学常委、副校长、教授、博士生导师）、杨和财（西北农林科技大学葡萄酒学院副教授、硕士生导师）。

第二章，李甲贵（西北农林科技大学葡萄酒学院教授、硕士生导师）、刘树文（西北农林科技大学葡萄酒学院院长、教授、博士生导师）。

第三章，陶永胜（西北农林科技大学葡萄酒学院副院长、教授、博士生导师）、王华（中国葡萄酒博物馆馆长、原西北农林科技大学葡萄酒学院院长、教授、博士生导师）、宋育阳（西北农林科技大学葡萄酒学院副教授、硕士生导师）、李华。

第四章，刘旭（西北农林科技大学葡萄酒学院副院长、教授、博士生导师）、李华。

第五章，张建生（中国葡萄酒协会协作委员会秘书长、常春藤葡萄酒市场研究机构主席）。

本书撰写的过程中，为了获取各产区发展的动态数据，我们得到了葡萄酒产业相关领导、各产区同行的密切配合和无私的帮助，收集了各产区的产业政策、产业数据及案例。在近10个月的时间里，我们完成了对中国葡萄酒产业发展的资料整理、数据采集分析、撰写报告和修改，从葡萄酒历史、技术进展、市场分析、产业联动及发展趋势等方面基本全面系统概括了2022年度我国葡萄酒产业的发展状况，提交了《中国葡萄酒产业发展蓝皮书（2022）》正式稿。本书邀请了中国酒业协会葡萄酒分会秘书长火兴三、中国科学院地理科学与资源研究所闵庆文、宁夏贺兰山东麓葡萄产业园区管委会研究员赵世华、西北农林科技大学葡萄酒学院副教授袁春龙四位专家组成专家评审组，并由丛书编委会主任刘永富审核。本书还得到了中国社会科学院经济研究所副研究员张小溪的技术支持。此外，中国出版集团研究出版社也对本书给予了高度重视和热情支持，在时间紧、任务重、要求高的情况下，为本书的出版付出了大量的精力和心血，在此一并表示感谢！由于时间短，我们虽然尽了最大的努力，但蓝皮书仍存在一些不足和有待改进与完善的地方，真诚欢迎专家学者和广大读者批评指正。

本书编写组
2023年6月